Ditte Ingemann

VEGGIE LOVE

80 Gemüserezepte
für den ganzen Tag

Aus dem Dänischen von Julia Gschwilm

JAN THORBECKE VERLAG

VERLAGSGRUPPE PATMOS

PATMOS
ESCHBACH
GRÜNEWALD
THORBECKE
SCHWABEN

Die Verlagsgruppe
mit Sinn für das Leben

Aus dem Dänischen übersetzt von Julia Gschwilm

Umschlaggestaltung: Finken & Bumiller, Stuttgart
Satz: Schwabenverlag AG, Ostfildern
Gedruckt in Lettland
ISBN 978-3-7995-1150-6 (Print)
ISBN 978-3-7995-1185-8 (eBook)

INHALT

GIB DEM GRÜN DIE HAUPTROLLE

Sehr viele Europäer arrangieren ihre Mahlzeiten um das Fleisch herum, während das Gemüse die zweite Geige spielt und für manche nur eine lästige Pflicht ist. Das ist schade, finde ich. Ich liebe Gemüse und freue mich über ein Bund schöne Radieschen mehr als über ein Paar neue Schuhe. Von einem Rundgang auf dem Gemüsemarkt kann ich ganz high werden, und diese Freude will ich gerne weitergeben.

Gemüse ist ein fantastisches Nahrungsmittel, und es hat unendlich viele Verwendungsmöglichkeiten. Blumenkohl, einen meiner Favoriten, kann man z.B. in einer Unmenge unterschiedlicher Varianten nutzen – roh, gedämpft, gebacken, püriert, gebraten, in Brot, anstelle von Reis und sogar als Pizzaboden. Darüber hinaus ist Gemüse supergesund, proppenvoll mit Nährstoffen, Ballaststoffen und Vitaminen, die Sie stark, schlank und vital halten. Und dann schmeckt Gemüse auch noch fantastisch, wenn es richtig zubereitet wird.

In diesem Buch will ich deshalb gerne eine Lanze dafür brechen, dem Gemüse die Hauptrolle in unseren Mahlzeiten zu geben. Hier finden Sie 80 leckere Gerichte, die sich um das Grüne drehen. Freuen Sie sich auf klassische Salate, lauwarme Salate, Suppen, Hauptgerichte und Beilagen, aber auch auf ein Kapitel über Frühstück und Inspiration dafür, wie Sie ein bisschen Gemüse in die erste Mahlzeit des Tages schmuggeln können.

Die Rezepte in diesem Buch sind einfach zugänglich und können in 30–40 Minuten fertiggestellt werden. Ich nenne das grünes

Fastfood. Als Ausgangspunkt habe ich Zutaten verwendet, die den meisten bekannt sind, aber dazwischen finden sich auch hin und wieder ein paar neue Zutaten. Lassen Sie sich darauf ein, probieren Sie neue Gerichte aus und gehen Sie auf Entdeckungsreise!

Falls Sie Vegetarier sind, können Sie mit diesem Buch viel Freude haben, aber es ist kein reines Vegetarierbuch. Sie können zu den Rezepten gut Fleisch, Fisch und Geflügel servieren, und ganz hinten im Buch finden Sie eine Liste, wozu welches Gericht am besten passt.

Kurz gesagt: Ein Buch für alle, die Lust haben, auf Entdeckungsreise im grünen Universum zu gehen – Fleischesser, Vegetarier und diejenigen, die einfach nach neuer Inspiration für Gemüsegerichte suchen.

Ich freue mich, Sie in meine grüne Küche einladen zu dürfen!
Viel Spaß!

Ditte Ingemann

GENIALES GEMÜSE

Warum ist Gemüse eigentlich so gut? Wie viel sollen Sie essen? Hier finden Sie die Antworten und meine besten Tipps, wie Sie mehr Gemüse in Ihre Ernährung einbringen und es besonders wohlschmeckend zubereiten können!

Gemüse ist wichtig, weil es Unmengen an gesunden Ballaststoffen, Vitaminen und Mineralstoffen enthält, die für Körper und Wohlbefinden entscheidend sind. Den Ernährungsempfehlungen zufolge sollen wir täglich 300–600 Gramm Gemüse essen. Das klingt vielleicht viel, und gerade deshalb ist es wichtig, das Gemüse als natürlichen Bestandteil der Alltagsnahrung zu integrieren – am besten so variationsreich wie möglich.

Gemüse kann in zwei Kategorien eingeteilt werden: Feines Gemüse wie Salat, Tomate, Gurke, Stangensellerie und Paprika beinhaltet 1,5 g Ballaststoffe pro 100 g, und grobes wie Rosenkohl, Rote Bete, Brokkoli, Weißkohl und Pastinake enthält 2–6 g Ballaststoffe pro 100 g.

Ballaststoffe machen satt, verbessern die Verdauung und sind gut für das Magen-Darm-System. Der Inhalt an Ballaststoffen ändert sich bei der Zubereitung nicht, sie können das grobe Gemüse also gut dämpfen, backen oder dünsten.

Grobes Gemüse trägt auch dazu bei, den Blutzucker stabil zu halten, und beinhaltet nur wenige Kalorien, was bedeutet, dass Sie Ihr Gewicht stabil halten oder sogar senken können, wenn Sie schnelle Kohlenhydrate wie Zucker, Weißbrot, Pasta und Reis durch Gemüse ersetzen.

Grüne Gemüse wie Brokkoli, Grünkohl, Spargel, Spinat, Kräuter und Zucchini enthalten darüber hinaus Unmengen an Kalzium für die Knochen und den Stoff Chlorophyll, von dem man glaubt, dass er bestimmten Arten von Krebs vorbeugen kann. Je dunkelgrüner das Gemüse ist, desto mehr Chlorophyll beinhaltet es.

Karotten, Kürbisse und Süßkartoffeln sind reich an Vitamin C, das u.a. die Abwehrkräfte stärkt, Vitamin A, das wichtig für Haut und Augen ist, und dem Antioxidantium Beta Carotin, das gegen Infektionen schützt.

Rote Bete, Tomate und rote Paprika beinhalten dagegen den Stoff Lycopin, ein Pigment und Antioxidantium, das dazu beiträgt, unsere Blutgefäße gesund zu halten.

Mit anderen Worten: Es gibt viele gute Gründe, mehr Gemüse zu essen. Hier bekommen Sie 13 Tipps, wie Sie leicht und lecker grüner leben können.

1. Verwenden Sie guten Gewissens Tiefkühlgemüse. Es enthält genauso viele Vitamine wie frisches Gemüse – die Forschung deutet sogar darauf hin, dass gefrorenes Gemüse mehr enthalten könnte.

2. Machen Sie große Portionen Salat, sodass er für mehrere Tage reicht: Schneiden Sie einen ganzen Weißkohl, reiben Sie Karotten, hacken Sie Kräuter und verpacken Sie alles portionsweise in Beuteln oder Behältern. So hält es sich mehrere Tage lang frisch. Fügen Sie Dressing oder Nüsse erst vor dem Servieren hinzu.

3. Mischen Sie ein großes Glas Dressing, sodass es für mehrere Tage reicht. Inspiration für leckere Dressings finden Sie auf S. 53, S. 58 und S. 61. Öldressing hält sich eine Woche lang. Wenn Sie Dressings mit Milchprodukten machen, beträgt die Haltbarkeit nur 2–3 Tage.

4. Verwenden Sie Grünes in Ihren Eintöpfen. Das ist eine einfache Art, das Gemüse zu tarnen. Reiben Sie es direkt hinein oder machen Sie ein Gemüsepüree und geben Sie es dazu. Auf diese Weise bekommen Sie richtig viel Geschmack, Gesundheit und Gemüse, und die meisten werden es nicht einmal bemerken. Dünsten Sie z.B. Tomaten, Zwiebeln, Auberginen, Zucchini und Paprika, mixen Sie alles und verwenden Sie das Püree für Eintöpfe, Fleischsauce oder Lasagne.

5. Verwenden Sie grüne Reste für Suppen, Fonds oder Smoothies. Sie können ruhig etwas Spinat, Grünkohl, Stangensellerie oder Avocado in ihren Frühstückssmoothie mischen. Ein bisschen Obst kann viel Gemüse verstecken. Oder machen Sie Ihren eigenen Gemüsefond für Suppen, Eintöpfe und Saucen. Schneiden Sie z.B. Sellerie, Zwiebeln, Karotten, Lauch, Kräuter oder Pilze in grobe Stücke. Lassen Sie alles in einem Topf mit Wasser ca. 2 Stunden köcheln. Abschmecken, durch ein Sieb gießen und hineingeben.

6. Machen Sie jede Woche Essenspläne und schreiben Sie für jeden Tag Gemüse auf den Speisezettel. Essenspläne geben einen besseren Überblick, sodass Sie Verschwendung von Nahrungsmitteln vermeiden. Kaufen Sie z.B. einen großen Kopf Weißkohl, finden Sie verschiedene Rezepte mit Weißkohl und nehmen Sie sie in den Essensplan auf. Das erfordert etwas Zeit und Planung, verschafft aber mehr Luft im Alltag. Gleichzeitig können Sie Geld sparen und Ihre Reste nutzen.

7. Bereiten Sie sich vor. Verwenden Sie einen Abend in der Woche darauf, richtig viel Gemüse zu schneiden, machen Sie ein Dressing, hacken Sie Nüsse und kochen Sie Eier, Quinoa und Dinkel. Auf diese Weise haben Sie immer Zutaten für einen guten, sättigenden Salat.

8. Richten Sie sich einen wöchentlichen festen vegetarischen Tag ein – oder vielleicht einen Tag, an dem sie „Salatbar" machen. Das ist eine gute Art, Kinder dazu zu bringen, mehr Gemüse zu essen. Schneiden Sie das Gemüse in mundgerechte Stücke und füllen Sie sie in kleine Schalen. Rösten Sie etwas Wurzelgemüse, würfeln Sie Käse, rösten Sie ein paar Nüsse, rühren Sie ein gutes Dressing an, verwenden Sie gekochte Eier, Pasta, Hummus – was Sie eben da haben. Und lassen Sie die Kinder ihre eigenen Salate mischen. Das ist oft ein Hit, und es kommt meist richtig viel Gemüse weg.

9. Essen Sie saisonales Gemüse, dann werden Sie nie einer bestimmten Sorte überdrüssig. In der Saison hat das jeweilige Gemüse darüber hinaus den höchsten Nährstoffgehalt. Ganz hinten im Buch finden Sie eine Übersicht darüber, wann welches Gemüse Saison hat.

10. Verwenden Sie viele Kräuter. Achten Sie darauf, Ihr Gemüse gut zu würzen, wenn Sie warme Gerichte kochen. Und machen Sie richtig gute Dressings für Ihre Salate. Es ist generell wichtig, dass Salate und Gemüse viel Geschmack bekommen, ansonsten wird es schnell ein langweiliges und geschmackloses Vergnügen. Mischen Sie viele Kräuter in Ihre grünen Gerichte, und denken Sie daran, dass kleine Dinge wie Zitronensaft, Zitronenschale, gehackte Nüsse und etwas gutes Olivenöl wahre Wunder vollbringen können.

11. Verwöhnen Sie Ihre Sinne. Denken Sie in unterschiedlichen Konsistenzen und Geschmacksrichtungen, wenn Sie Gemüse zubereiten. Ihr Gemüsegericht kann gerne gleichzeitig Salziges, Säuerliches, Süßes, Knackiges, Weiches und Knuspriges enthalten. Auf diese Art werden Sie beim Essen am meisten stimuliert.

12. Denken Sie an das Fett! Essen Sie etwas gesundes Fett in Form von Nüssen, Avocado, Dressing, Butter, Öl oder fettem Fisch zu Ihrem Gemüse. Auf diese Weise können Sie die wichtigen fettlöslichen Vitamine aus dem Gemüse besser aufnehmen. Wenn Sie z.B. Karotten ohne etwas Fett essen, rauschen die meisten Vitamine ohne jeden nützlichen Effekt durch den Darm.

13. Verwahren Sie Ihr Gemüse richtig. Legen Sie es ausgepackt, gewaschen und gekühlt ins Gemüsefach. Die meisten Gemüsesorten sollten im Kühlschrank aufbewahrt werden, aber halten Sie erdhaltiges Gemüse für sich und bewahren Sie es vor Frost. Verwahren Sie Tomaten und Avocado im Küchenregal, da die Reifung im Kühlschrank zum Stillstand kommt. Zwiebeln halten sich am besten an einem trockenen Ort, nicht im Kühlschrank.

FRÜHSTÜCK

GREENIE MIT ROSENKOHL & BLUTORANGE

2 Schalen

Der Greenie ist der etwas gesündere kleine Bruder des Smoothies und enthält anstelle von Obst hauptsächlich Gemüse. Die Konsistenz ist dick und cremig, und Sie können Ihren Greenie sowohl aus einem Glas trinken als auch mit verschiedenen Toppings in einer Schale servieren und löffeln. Rosenkohl hat einen milden Kohlgeschmack, der sich in Smoothies und Greenies gut macht. Ich verwende am liebsten gefrorenen Rosenkohl, dann muss ich das Gemüse nicht putzen, und mein Greenie wird kühl und lecker.

Zutaten:
1 reife Banane
50 g frischer Grünkohl
100 g gefrorener Rosenkohl
2 Blutorangen, geschält
10 g Ingwer, gerieben
ca. 200 ml Kokoswasser

Topping:
2 TL Hanfsamen
2 TL gefriergetrocknete
   Beeren

Alle Zutaten in einen kräftigen Mixer geben und mixen, bis alles fein püriert ist. Wünschen Sie eine dünnere Konsistenz, fügen Sie mehr Flüssigkeit hinzu. Den Greenie in zwei Schalen verteilen, mit dem Topping bestreuen und sofort servieren.

Tipp // Falls Sie keinen Rosenkohl mögen, können Sie für Ihren Greenie stattdessen gefrorenen Spinat oder Brokkoli verwenden.

GEBACKENE EIER MIT GRÜNKOHL

4 Personen

---

*Gebackene Eier machen sich gut bei einem Brunch, am besten mit etwas Bacon
und geröstetem Roggenbrot.*

Zutaten:
4 große Grünkohlblätter
8 Eier
4 EL geriebener Cheddar
Salz und Pfeffer
Chiliflocken
Öl zum Einfetten der
  Formen

4 kleine Formen mit Öl bestreichen. In jede Form ein
großes Kohlblatt legen und zwei Eier hineinschlagen.
Den geriebenen Käse darüber verteilen und mit Salz,
Pfeffer und Chili bestreuen. Die Eier bei 180 °C Heißluft ca. 15 Minuten backen, bis das Eiweiß gestockt ist.

TIPP // *Experimentieren Sie gerne mit anderem Gemüse
zu den gebackenen Eiern, aber achten Sie darauf, dass es
keine zu lange Backzeit erfordert. Probieren Sie z.B.
Spinat oder Zucchinischeiben.*

SPICY GREEN MIT SPIEGELEI

4 Personen

Dieses Frühstück ist ein Muss, wenn Sie Gemüsereste zu Hause haben. Sie können fast jedes Gemüse verwenden, z.B. Aubergine, Zucchini, Paprika, Kohl, Spinat oder auch Pilze.

Zutaten:
2 Paprikaschoten
1 Zucchini
1 Bund Mangold oder z.B. Spinat
4 EL Olivenöl oder Kokosöl
4 TL Senfkörner
2 TL Fenchelsamen
1 Zwiebel, gehackt
2 Knoblauchzehen, gerieben
1 Handvoll Kräuter, z.B. Oregano, Basilikum oder Petersilie
Salz und Pfeffer

Topping:
4 Spiegeleier
2 TL Schwarzkümmel

Das Gemüse putzen und in mundgerechte Stücke schneiden. Das Öl in einer Pfanne erhitzen und Senfkörner, Fenchelsamen, Zwiebeln und Knoblauch 2–3 Minuten anbraten. Das Gemüse und die Kräuter zufügen. Alles ca. 5 Minuten dünsten. Mit Salz und Pfeffer abschmecken. Mit Spiegelei und einer Prise Schwarzkümmel servieren.

TIPP // *Wenn Sie ein etwas sättigenderes Frühstück wollen, servieren Sie evtl. ein Stuck Nussbrot mit ein paar Scheiben Avocado dazu, siehe S. 29.*

INDISCHE EIER IN CHILISAUCE

4 Personen

Dieses Gericht schmeckt an Werktagen wie am Wochenende. Eine richtige Geschmacksexplosion!
Wenn Sie eine mildere Variante wollen, können Sie die Chilisauce weglassen.

Zutaten:
3 EL Olivenöl oder Butter
1 Zwiebel, fein gehackt
2 Knoblauchzehen,
  gerieben
2 TL zerstoßener Kreuz-
  kümmel
1 TL geräuchertes Paprika-
  pulver
2 Dosen stückige Tomaten
2 rote Paprikaschoten,
  gehackt
2 TL scharfe Chilisauce
Salz
4–8 Eier

Topping:
Petersilie und Koriander,
  gehackt

Das Öl in einer Pfanne erhitzen und die Zwiebeln, den Knoblauch, den Kreuzkümmel und das Paprikapulver darin anbraten. Nach 3–4 Minuten die Tomaten und die Paprikaschoten zufügen. Alles bei mittlerer Hitze ca. 20 Minuten köcheln lassen. Die Chilisauce zufügen und mit Salz abschmecken.

Kleine Vertiefungen in die Mischung machen und die Eier hineinschlagen. Weitere ca. 20 Minuten köcheln lassen, bis die Eier gestockt sind. Mit viel gehackter Petersilie und gehacktem Koriander bestreuen und servieren.

GEBACKENE AVOCADO MIT GEMÜSEFÜLLUNG

4 Personen

Warme Avocado mag vielleicht ein wenig ungewohnt klingen, aber sie schmeckt richtig lecker.
Darüber hinaus sind Avocados sehr gesund. Sie enthalten gute Fettsäuren und Unmengen
an Vitamin A und B. Essen Sie eine Scheibe Roggenbrot dazu oder vielleicht
eine kleine Portion Brei, siehe Seite 22.

Zutaten:
2 Avocados

Füllung:
75 g Tomaten
1 Handvoll glatte Petersilie
1 Handvoll Koriander
25 g geriebener Cheddar
30 g Pinienkerne
1 EL Olivenöl
geriebene Schale von
 1 Bio-Zitrone
Salz und Pfeffer

Die Avocados halbieren und die Steine entfernen.
Wenn die Mulde sehr klein ist, etwas weiter aushöhlen.
Die Tomaten und die Kräuter fein hacken und mit
den übrigen Zutaten vermischen. Die Füllung in den
Avocados verteilen und bei 200 °C Heißluft
18–20 Minuten backen.

TIPP // Gebackene Avocado mit Ei ist auch richtig lecker!
Schlagen Sie statt der Füllung ein Ei in jede Vertiefung der
Avocadohälften und backen Sie sie bei 200 °C ca. 20 Mi-
nuten, bis das Ei gestockt ist.

FRÜHSTÜCKSBREI MIT KAROTTEN UND APFELKOMPOTT

4 Personen

Kalter Brei ist bei uns zu Hause der Hit. Der Vorteil ist, dass man ihn am Vortag zubereiten und gut mitnehmen kann. Machen Sie evtl. im Voraus eine große Portion Apfelkompott.

Brei:
100 g Haferflocken
300 ml Milch
2 TL Chiasamen
2 Karotten, gerieben
4–6 EL griechischer Joghurt

Apfelkompott:
2 Äpfel
ca. 4 EL Wasser
2 TL reines Vanillepulver
*   oder 1 Vanillestange*

Topping:
4 EL Haselnüsse

Die Haferflocken mit der Milch, den Chiasamen und den geriebenen Karotten verrühren und in einem geschlossenen Behälter über Nacht in den Kühlschrank stellen. Den Brei am nächsten Morgen gut umrühren und den griechischen Joghurt zufügen.

Die Äpfel in kleine Würfel schneiden und mit Wasser und Vanillepulver oder -mark in einen Topf geben. Bei geschlossenem Deckel ca. 30 Minuten köcheln lassen, bis die Äpfel ganz weich und eingekocht sind. Das Kompott in einem sauberen Glas im Kühlschrank verwahren. Es hält sich 4–5 Tage.

Die Haselnüsse im Ofen oder in einer trockenen, heißen Pfanne rösten, bis sie goldbraun sind und die Haut sich löst. Die Haut entfernen und die Nüsse grob hacken.

Den Brei mit einem großen Löffel voll Apfelkompott und grob gehackten Haselnüssen servieren.

GRÜNES CHIAMUS

4 kleine Portionen

Chiasamen werden als Superfood bezeichnet, und das mit gutem Grund. Die kleinen Samen haben einen hohen Ballaststoffgehalt und können in Flüssigkeit ihr zwölffaches Gewicht absorbieren, was Brei und Gebäck schön viel Feuchtigkeit verschafft. Chiasamen enthalten außerdem 30 Prozent essentielle Fettsäuren, doppelt so viele Proteine wie andere Samen und fünfmal so viel Kalzium wie Milch. Dieses Rezept ergibt 4 kleine Portionen, ich würde also empfehlen, das Mus mit z.B. einem gekochten Ei oder einer Scheibe Nussbrot zu ergänzen, siehe S. 29.

Mus:
4 EL Chiasamen
1 Dose Kokosmilch
50 g Babyspinat

Topping:
100 g frische Himbeeren
4 EL Kokoschips

Die Zutaten für das Mus in einen Mixer geben und mixen, bis der Spinat ganz fein ist. Die Mischung auf Gläser verteilen und mindestens 2 Stunden oder über Nacht in den Kühlschrank stellen. Vor dem Servieren mit frischen Himbeeren und Kokoschips bestreuen. Das Mus hält sich im Kühlschrank ca. 2 Tage.

TIPP // *Sie können dieses Chiamus auf unzählige Arten variieren. Probieren Sie z.B. Mango, Ananas, Apfel und gehackte Nüsse als Topping.*

GUTEN-MORGEN-MUFFINS MIT ZUCCHINI & PECANNUSS

8 Stück

Es macht Spaß, den Morgen mit einem lauwarmen Muffin zu beginnen – und dann auch noch mit Gemüse darin. Diese Muffins sind mit etwas Banane gesüßt und eignen sich sowohl als Frühstück als auch als gesunde Zwischenmahlzeit.

Zutaten:
150 g Mandelmehl
2 TL Backpulver
50 g Pecannüsse, grob gehackt
1 reife Banane
3 Eier
50 g Kokosöl, zerlassen
125 g Zucchini, gerieben

Das Mehl, das Backpulver und die Nüsse in einer Schüssel vermengen. Die Banane zerdrücken und mit den Eiern und dem Kokosöl vermischen. Die flüssigen Zutaten mit den trockenen verrühren und zum Schluss die geriebene Zucchini unter den Teig geben. Alles gut verrühren, den Teig in 8 Muffinformen verteilen und bei 200 °C ca. 25 Minuten backen.

TIPP // Machen Sie am besten eine große Portion von diesen Muffins und frieren Sie sie ein.

TOPPING //

Erdbeerscheiben & schwarzer Pfeffer

gegrillte Nektarinen, Honig & Thymian

Avocado, Chiliflocken & Sesamsamen

Hüttenkäse & Gurke

Butterkäse, Radieschen & Kresse

Knoblauch, Tomate & Schnittlauch

weich gekochtes Ei & Erbsenmus (dazu 70 g aufge-
  taute Erbsen mit 1 EL Olivenöl, Salz, 1 geschälten Knoblauchzehe und Zitronensaft mixen)

_____

NUSSBROT MIT GRÜNEM TOPPING

1 Brot – ca. 18 dünne Scheiben

Ein herrlich nahrhaftes Brot mit Nüssen und geriebenem Gemüse. Das Brot ist glutenfrei und kann zum Frühstück, als Pausenbrot oder zu einer Käseplatte gegessen werden. Belegen Sie Ihr Brot z.B. mit verschiedenem Obst und Gemüse. Hier finden Sie etwas Inspiration, wie ein gesundes Frühstück aussehen kann – aber der Fantasie sind keinerlei Grenzen gesetzt!

Nussbrot:

150 g grob gehackte Nüsse,
z.B. Walnüsse, Mandeln,
Haselnüsse
150 g Kerne und Samen,
z.B. Sonnenblumenkerne,
Leinsamen, Kürbiskerne
3 Eier
2 EL Chiasamen
150 g geriebenes Gemüse,
z.B. Zucchini, Kohl,
Karotten oder Spinat
2 EL Olivenöl
½ TL Meersalz

Alle Zutaten für das Brot verrühren und den Teig in eine mit Backpapier ausgelegte Kastenform mit 1 l Fassungsvermögen geben. Das Brot bei 200 °C Heißluft ca. 35 Minuten backen.

Das Brot erst aufschneiden, wenn es ausgekühlt ist. Dann mit Ihrem Lieblings-Gemüsetopping (siehe S. 28) belegen.

TIPP // *Verwahren Sie das Nussbrot im Kühlschrank. Es hält sich 3–4 Tage. Sie können es auch in dünne Scheiben schneiden und in kleinen Portionen einfrieren, dann haben Sie immer eine Scheibe Brot parat, wenn sich der Hunger meldet.*

REGENBOGENSALAT MIT EI

1 Portion

Es ist herrlich, den Tag grün zu beginnen, und ich finde, es rutscht noch besser, wenn ich das Gemüse in kleine Stücke schneide und hübsch anrichte. Dieses Rezept können Sie als Inspiration verwenden – nehmen Sie die Gemüsesorten, die Sie am liebsten mögen.

Zutaten:
ca. 100 g gekochte Quinoa
¼ rote Zwiebel
½ Avocado
25 g Feta
50 g Tomaten
25 g Spitzkohl
25 g Blumenkohl
Olivenöl oder Dressing
*   nach Wahl*
1 weich gekochtes Ei

Die Quinoa nach Packungsanweisung abspülen und kochen. Alles Gemüse und den Feta in kleine, mundgerechte Stücke schneiden und in einer Schüssel anrichten. Etwas Olivenöl oder Ihr Lieblingsdressing darübergeben, z.B. ein gutes Pesto, siehe S. 57, und zusammen mit dem Ei servieren.

TIPP // *Schneiden Sie am besten gleich eine große Portion Gemüse, wenn Sie schon dabei sind, und verwahren Sie es im Kühlschrank. Auf diese Art bekommen Sie morgens ganz leicht etwas Grünes auf den Tisch und können sich schnell einen Salat zum Mitnehmen mischen.*

SALATE

THAISALAT

4 Personen

Dieser Salat ist gesund, knackig und superlecker – er enthält Unmengen von Gemüse und ein würziges Dressing. Wollen Sie eine scharfe Variante, dann bestreuen Sie den Salat mit ein bisschen frisch gehacktem Chili. Der Salat eignet sich auch als Abendessen, wenn Sie Fleisch dazu servieren, z.B. Hühnchen.

Zutaten:
2 Karotten, geschält
½ Spitzkohl oder Weißkohl
1 Mango
1 Bund Koriander
4 EL gesalzene Erdnüsse

Dressing:
2 EL dunkles Sesamöl
1–2 TL Fischsauce
1 EL Reisweinessig
1 EL Tamari oder evtl.
  Sojasauce
5–10 g geriebener Ingwer

Die Karotten in ganz dünne Streifen schneiden. Den Spitzkohl oder Weißkohl fein hacken. Die Mango schälen und das Fruchtfleisch in dünne Streifen oder kleine Würfel schneiden. Den Koriander und die Erdnüsse grob hacken und alle Zutaten vermischen.

Die Zutaten für das Dressing miteinander verrühren und abschmecken. Das Dressing unter den Salat heben und am besten sofort servieren, damit das Gemüse knackig bleibt.

TIPP // *Wenn der Salat besonders kinderfreundlich sein soll, können Sie die Zutaten evtl. in kleinen Schüsseln servieren, sodass alle in der Familie sich genau den Salat zusammenstellen können, den sie am liebsten mögen.*

QUINOASALAT MIT GEBACKENEN TOMATEN

4 Personen

Quinoa hat einen hohen Proteingehalt und enthält alle essentiellen Fettsäuren, weshalb sie eine richtig gute Alternative zu Fleisch ist. Darüber hinaus ist Quinoa reich an Kalk, Eisen, Zink und Magnesium. Spülen Sie die Quinoa vor Gebrauch gut ab, da die Schale von Saponinen bedeckt ist, einem Bitterstoff. Der Salat passt gut zu einem Stück Fisch, z.B. gebratenem oder gebackenem Kabeljau oder anderem Weißfisch.

Zutaten:
500 g kleine Tomaten
Salz und Pfeffer
1 EL Olivenöl
100 g weiße Quinoa
2 rote Zwiebeln
4–5 EL Mandeln oder
  Mandelspäne
1 Handvoll frisches Basili-
  kum
1 Handvoll Minze

Dressing:
3 EL Olivenöl
Saft von ½ Zitrone
Salz und Pfeffer

Die Tomaten halbieren und in eine ofenfeste Form legen. Mit Salz und Pfeffer würzen und etwas Öl darüberträufeln. Bei 125 °C Heißluft ca. 1 Stunde backen.

Die Quinoa abspülen und nach Packungsanweisung kochen. Die geschälten Zwiebeln, die Mandeln und die Kräuter fein hacken und zusammen mit den gebackenen Tomaten unter die abgekühlte Quinoa mischen. Für das Dressing Öl mit Zitronensaft, Salz und Pfeffer verrühren und über dem Salat verteilen. Vor dem Servieren abschmecken.

TIPP // *Es kann sich auszahlen, eine große Portion von den leckeren gebackenen Tomaten zu machen – sie schmecken in Salaten, Sandwiches und als Beilage zu einem guten Steak.*

ROHKOST MIT ZITRONENDRESSING

4 Personen

---

*Die meisten kennen wohl die traditionelle Rohkost mit geriebenem Gemüse, und die kann
auf die Dauer leicht etwas langweilig werden. Ich habe der Rohkost ein bisschen Pfiff gegeben,
indem ich das Gemüse durch einen Spiralizer gejagt und in einem säuerlichen Zitronendressing
gewendet habe. Falls Sie keinen Spiralizer haben, können Sie das Gemüse natürlich
auch reiben oder einen Gemüsehobel verwenden. Der Salat passt zu so gut wie allen Fleisch-
und Fischsorten.*

Zutaten:
1 Rote Bete
2 Karotten
½–1 Daikon-Rettich
1 Granatapfel
½ Bund Minze

Dressing:
2 EL Olivenöl
*1 TL Honig oder Ahorn-
   sirup*
Schale von 1 Bio-Zitrone
Saft von ½ Zitrone
Salz und Pfeffer

Das Gemüse putzen, schälen und durch einen Spiralizer
drehen. Die Kerne aus dem Granatapfel lösen und mit
dem Gemüse vermengen. Die Minze fein hacken und
unter den Salat mischen.

Die Zutaten für das Dressing verrühren und abschmecken. Das Dressing über den Salat geben und gut vermischen. Sofort servieren.

TIPP // *Es kann schwierig sein, die Kerne aus dem
Granatapfel herauszubekommen. Halbieren Sie am besten
den Granatapfel und legen Sie ihn in eine große Schüssel
mit Wasser. Alle Kerne unter Wasser herausbrechen und
dann abseihen – das ist einfach und Sie vermeiden,
dass die ganze Küche verspritzt wird.*

MULTI-SALAT MIT DRESSING AUS EINGEMACHTEN ZITRONEN

4 Personen

Dieser Salat ist perfekt für die Mittagspause. Ich habe für das Dressing eingemachte gesalzene Zitronen verwendet, die man entweder kaufen oder selber machen kann. Die Zitronen bekommen dadurch einen ganz speziellen, aromatischen Geschmack, der fantastisch ist. Wenn Sie keine eingemachten Zitronen haben, können Sie auch ein Dressing mit viel Zitronenschale und -saft machen. Das schmeckt auch sehr lecker!

Zutaten:
120 g Quinoa
4 Eier, hart gekocht
1 Bund Radieschen
150 g Kohl, z.B. Palmkohl
*   oder Spitzkohl*
100 g Oliven
100 g halb getrocknete
*   Tomaten oder gebackene*
*   Tomaten, siehe S. 36*

Dressing:
4–5 EL Olivenöl
ca. 30 g eingemachte Zitro-
*   nen oder viel Zitronen-*
*   saft und -schale*
1 TL Honig
Salz und Pfeffer

Die Quinoa abspülen, nach Packungsanweisung kochen und abkühlen lassen. Die Eier halbieren. Die Radieschen und den Kohl in dünne Scheiben schneiden. Den Salat in einer großen Schüssel anrichten. Dabei die Zutaten entweder getrennt hineingeben oder alles vermischen.

Die Zutaten für das Dressing mixen und abschmecken. Die Zitronen haben einen sehr kräftigen Geschmack, fügen Sie also mehr hinzu, falls Sie ein kräftigeres Dressing wollen. Das Dressing über den Salat gießen und sofort servieren. Wenn Sie den Salat mitnehmen wollen, gießen Sie das Dressing erst kurz vor dem Essen darüber.

TIPP // *Der Salat ist voller guter Proteine von Eiern und Quinoa, er sollte also lange satt halten. Sie können evtl. auch noch etwas Hühnchen zufügen.*

KRAUTSALAT MIT BLAUBEEREN & ORANGEN

4 Personen

Dieser Salat passt richtig gut zu einem Stück Schweinefleisch und kann z.B. zu einem Schweinebraten serviert werden, da er durch die Orangen und das Dressing viel Säure enthält.

Zutaten:
1 Spitzkohl
2 Orangen oder 4 Clemen-
  tinen, geschält
100 g frische Blaubeeren
4 EL Haselnüsse, grob
  gehackt

Dressing:
4 EL Olivenöl
2 TL Apfelessig
Schale von 1 Bio-Zitrone
Salz und Pfeffer

Den Spitzkohl putzen und in sehr dünne Streifen schneiden. Die Apfelsinen- oder Clementinenspalten klein würfeln. Den Kohl mit den Orangen, den Blaubeeren und den Nüssen vermengen.

Die Zutaten für das Dressing gut verrühren und mit dem Salat vermischen. Alles abschmecken. Den Salat sofort servieren. Wenn Sie den Salat im Voraus machen, fügen Sie das Dressing und die Nüsse erst kurz vor dem Servieren zu.

TIPP // *Geben Sie evtl. noch Vanillesamen oder ½ TL reines Vanillepulver ins Dressing. Das ergibt einen wirklich leckeren, aromatischen Geschmack, der richtig gut zu den Orangen und den Blaubeeren passt.*

SOMMERSALAT MIT MELONE & HALLOUMI

4 Personen

Dies ist wohl einer meiner Lieblingssalate, der sich perfekt für einen Grillabend eignet. Der Salat ist süß, salzig, säuerlich und knackig und passt gut zu einem Stück Grillfleisch. Ich habe Halloumi mit in den Salat gemischt – einen festen, salzigen zypriotischen Käse, der sehr gut zu Salaten und in Sandwiches passt.

Zutaten:
1 kleine Melone, z.B.
*   Galia-, Honig- oder*
*   Wassermelone*
2 Avocados
1 Gurke
1 Schale Kresse
1 rote Zwiebel
200 g Halloumi
Öl zum Braten

Dressing:
2 EL Olivenöl
Schale von 1 Bio-Zitrone
Saft von ½ Zitrone
Salz und Pfeffer

Die Melone, die Avocados und die Gurke schälen und in kleine Stücke schneiden. Sie können auch einen Kugelausstecher verwenden und stattdessen Kugeln machen. Die Kresse in den Salat geben und die Zwiebel fein hacken. Den Halloumi in Scheiben schneiden und in einer heißen Pfanne mit Öl knusprig und goldbraun braten. Den gebratenen Käse in den Salat mischen.

Die Zutaten für das Dressing verrühren und abschmecken. Das Dressing unter den Salat mischen und den Salat am besten sofort servieren, wenn das Gemüse noch knackig und frisch ist.

TIPP // *Wenn Sie keinen Halloumi bekommen, verwenden Sie stattdessen einen guten Feta – der passt auch gut in den Salat.*

ZUCCHINI-NUDELN MIT TOMATEN-TAPENADE

4 Personen

Zucchini ist ein fantastisches Gemüse. Es ist gesund und kann sowohl für kalte als auch für warme Gerichte verwendet werden. Hier habe ich eine Zucchini durch einen Spiralizer gedreht und als eine Art Nudeln verwendet. Wenn Sie keinen haben, schneiden Sie die Zucchini mit einem Gemüsehobel oder einem Kartoffelschäler in dünne Streifen.

Zutaten:
2 Zucchini
1 Avocado
4 Frühlingszwiebeln
4 EL Mandelspäne

Tomaten-Tapenade:
1 Glas sonnengetrocknete
    Tomaten in Öl
1 Knoblauchzehe
2 EL Sonnenblumenkerne
    oder Haselnüsse
Saft von ½ Limette
1 EL Balsamico
Salz und Pfeffer

Die Zucchini durch einen Spiralizer drehen, denn bekommen Sie dünne Nudeln. Die Avocado schälen und klein würfeln und zusammen mit den Zucchini-Nudeln in eine Schüssel geben. Die Frühlingszwiebeln fein hacken und zusammen mit den Mandelspänen dazugeben.

Die Zutaten für die Tapenade in einen Mixer oder eine Küchenmaschine geben und alles gut mixen. Abschmecken. 3–4 EL Tomaten-Tapenade über dem Salat verteilen und gut vermischen.

TIPP // Das Rezept für die Tapenade ergibt mehr, als man für den Salat braucht. Verwahren Sie die restliche Tapenade in einem sauberen Glas im Kühlschrank und verwenden Sie sie für Sandwiches, Eintöpfe, zu Käse oder als Dip für Gemüse.

ROTKOHL MIT KORIANDER & SESAMDRESSING

4 Personen

Rotkohl ist eine richtige Vitaminbombe und enthält Unmengen an wichtigen Stoffen, besonders Vitamin C. Er ist auch voller Ballaststoffe und gibt ein gutes Sättigungsgefühl. Dieser Salat passt gut zu Schweinefleisch und eignet sich z.B. auch als etwas andersartiger Beitrag zum Weihnachtsbuffet.

Zutaten:
¼–½ Rotkohl, je nach
*   Größe*
1 Bund frischer Koriander

Dressing:
4 EL Olivenöl
2 EL Sesamsamen
3 EL Rotweinessig
1 TL Kokoszucker
Salz und Pfeffer

Den Rotkohl in sehr dünne Streifens schneiden, z.B. mit Hilfe einer Küchenmaschine. Den Koriander fein hacken und mit dem Rotkohl vermischen.

Die Zutaten für das Dressing verrühren und abschmecken, sodass es salzig, süß und säuerlich wird. Das Dressing gut mit dem Salat vermengen und evtl. vor dem Servieren etwas Sesam darüberstreuen.

TIPP // *Wenn Sie den Salat aufpeppen wollen, fügen Sie etwas klein gewürfelte frische Mango hinzu – das gibt dem Salat einen tollen süßlichen und frischen Geschmack.*

TOMATENSALAT MIT FETA & SCHNITTLAUCHÖL

4 Personen

Griechischer Salat ist eines der leckersten Gerichte, die ich kenne. Ich finde es super, dass ein Salat mit so wenigen Zutaten so gut schmecken kann. Nehmen Sie gute, reife und süße Tomaten, die Sie von Sonne und Wärme träumen lassen. Geben Sie evtl. noch eine gewürfelte Avocado mit dazu, das passt richtig gut zu den süßen Tomaten und ergibt einen nahrhafteren Salat.

Zutaten:
500 g reife Tomaten
1 rote Zwiebel
200 g Feta
1 EL Oregano

Schnittlauchöl:
ca. 50 ml Olivenöl
1 Bund Schnittlauch
Salz und Pfeffer

Die Tomaten würfeln und die rote Zwiebel schälen und fein hacken. Vermischen, den Feta darüberbröckeln und mit Oregano bestreuen.

Das Öl mit dem Schnittlauch mixen, bis es ganz grün und der Schnittlauch fein püriert ist. Mit Salz und Pfeffer abschmecken.

TIPP // *Diesen Salat kann man auch in einen leckeren Snack oder eine Vorspeise verwandeln. Einfach die Tomaten etwas feiner hacken und den Salat auf kleine Stücke geröstetes Brot geben.*

BLUMENKOHL-COUSCOUS MIT EINGEMACHTEN ROTEN ZWIEBELN

4 Personen

Es ist einfach, eine gesündere Variante von Couscous zu machen. Geriebener Blumenkohl ist ähnlich und hat in Großen und Ganzen dieselben guten, sättigenden Eigenschaften. Ich bin ganz wild auf eingemachte Zwiebeln, und man kann sie nicht nur in Salaten verwenden, sondern auch beispielsweise in Sandwiches, auf Pizzen oder einfach zusammen mit etwas leckerem Käse.

Zutaten:
1 Blumenkohl
1 Bund glatte Petersilie
1 Bund Basilikum
50 g Pinienkerne

Eingemachte rote Zwiebeln:
2 rote Zwiebeln
50 ml Apfelessig
50 ml Wasser
1 TL Salz
3–4 EL Zucker oder Sukrin
*   für eine zuckerfreie*
*   Variante*
schwarzer Pfeffer

Dressing:
4 EL Olivenöl
1 EL Apfelessig
2 TL grober Senf
2 TL Honig
Salz und Pfeffer

Die Blumenkohlröschen reiben, am besten auf der groben Seite einer Gemüsereibe. Die Petersilie und das Basilikum fein hacken und mit dem Blumenkohl vermischen. Die Pinienkerne in einer trockenen, heißen Pfanne goldbraun rösten.

Die roten Zwiebeln in dünne Scheiben schneiden und in ein Einmachglas geben. Essig, Wasser, Salz, Zucker und Pfeffer in einen Topf geben und aufkochen. Den Sud über die Zwiebeln gießen und das Glas mindestens 45 Minuten kalt stellen.

Die Zutaten für das Dressing verrühren und abschmecken. Das Dressing gut unter den Salat mischen und alles mit eingemachten Zwiebeln und Pinienkernen bestreuen.

GROBER SALAT MIT DINKEL & FETADRESSING

4 Personen

Rucola hat einen starken, aromatischen Geschmack, daher habe ich Blaubeeren hinzugefügt, die einen herrlich süßen Gegenpart dazu bilden. Der Salat kann auch am Tag danach gegessen und gut mitgenommen werden.

Zutaten:
125 g Perldinkel
Salz
150 g Rucola
100 g frische Blaubeeren

Dressing:
4 EL Olivenöl
2 TL flüssiger Honig
75 g Feta
Saft von ½ Zitrone
Salz und Pfeffer

Topping:
4 EL Mandeln

Die Dinkelkörner gründlich abspülen und in leicht gesalzenem Wasser ca. 10 Minuten kochen. Sie können gerne noch etwas Biss haben. Den fertig gekochten Dinkel in ein Sieb gießen, abkühlen und abtropfen lassen. Den Rucola und die Blaubeeren waschen und unter den abgekühlten Dinkel mischen.

Die Mandeln in einer trockenen, heißen Pfanne rösten, bis sie etwas Farbe bekommen. Vom Herd nehmen und grob hacken.

Das Olivenöl und den Honig verquirlen und den Feta hineinbröckeln. Den Zitronensaft, Salz und Pfeffer einrühren und das Dressing über dem Salat verteilen. Den Salat mit gehackten Mandeln bestreuen und abschmecken.

TIPP // *Anstelle von Dinkel können Sie auch Bulgur oder Graupen für den Salat verwenden.*

ZUCCHINISALAT MIT PESTO & OLIVEN

4 Personen

Ich habe die Zucchini durch einen Spiralizer gejagt, sodass sie eine Art Gemüsespaghetti werden. Falls Sie keinen Spiralizer haben, nehmen Sie einen Gemüsehobel oder schneiden Sie die Zucchini mithilfe eines Kartoffelschälers in dünne Streifen.

Zutaten:
2 Zucchini
2 rote Zwiebeln
100 g Feta
50 g schwarze Oliven
4 EL Sonnenblumenkerne

Pesto:
25 g Basilikum
20 g Parmesan
20 g Mandeln
1 Knoblauchzehe
50 ml Olivenöl
Salz und Pfeffer

Die Zucchini mit einem Spiralizer in lange, dünne, spaghettiartige Streifen schneiden. Die roten Zwiebeln schälen, sehr fein hacken und mit den Zucchinistreifen in eine Schüssel geben. Den Feta in den Salat bröckeln und die Oliven zufügen. Die Sonnenblumenkerne in einer heißen, trockenen Pfanne rösten, bis sie etwas goldbraun werden. Über den Salat streuen.

Die Zutaten für das Pesto gut mixen und abschmecken. Das Pesto gut mit dem Salat vermischen und alles abschmecken.

TIPP // *Dieser Salat eignet sich wunderbar als Mittagessen. Servieren Sie ihn mit einem Stück Hühnchen oder grobem Brot.*

CAESAR SALAD MIT KOHL

4 Personen

Ceasar Salad ist ein Klassiker auf der Salatkarte. Dies ist eine gröbere, gesündere Variante. Wenn Sie einen nahrhafteren, sättigenderen Salat wünschen, fügen Sie Hühnchen hinzu – das passt richtig gut!

Zutaten:
4–5 Stängel Grünkohl
4–5 Stängel Palmkohl
2 Avocados
25 g Parmesan

Brotcroûtons:
2–3 Scheiben Sauerteigbrot
Olivenöl zum Braten
Salz

Dressing:
2 Eigelb
1 TL grober Senf
4–5 EL Olivenöl
Saft von ½ Zitrone
Schale von 1 Bio-Zitrone
1 Knoblauchzehe, gerieben
2 EL Parmesan, gerieben
Salz und Pfeffer

Den Kohl säubern, die Strünke entfernen und die Blätter in kleine Stücke hacken. Die Avocados schälen, in Scheiben oder kleine Würfel schneiden und mit dem Kohl und dem gehobelten Parmesan vermischen.

Das Brot in kleine Würfel schneiden und in einer heißen Pfanne mit Öl braten, bis die Würfel knusprig und goldbraun sind. Die Croûtons aus der Pfanne nehmen und mit Salz bestreuen.

Die Zutaten für das Dressing gut verquirlen und abschmecken. Das Dressing unter den Salat mischen und zum Schluss alles mit Brotcroûtons bestreuen.

TIPP // *Wenn Sie keinen Palmkohl bekommen, können Sie stattdessen eine Mischung aus Grünkohl und Wirsing verwenden.*

GRÜNKOHLSALAT MIT ZWEIERLEI ÄPFELN

4 Personen

Dieser Salat ist eine Zierde für jeden Tisch und passt richtig gut zu Schweinefleisch oder einem Eintopfgericht. Granatäpfel gibt es in den meisten größeren Supermärkten. Sie sind unglaublich schön und haben einen herrlich säuerlichen Geschmack.

Zutaten:
300 g Grünkohl
2 Äpfel
1 Granatapfel

Dressing:
4 EL Olivenöl
Saft von 1 Limette
Schale von 1 Bio-Limette
1 TL flüssiger Honig oder
   Ahornsirup
Salz und Pfeffer
Mark von 1 Vanilleschote

Den Grünkohl gründlich putzen und den Strunk entfernen. Die Blätter fein hacken. Die Äpfel vom Kerngehäuse befreien und in dünne Scheiben schneiden. Grünkohl und Äpfel vermischen. Die Kerne aus dem Granatapfel lösen und in den Salat geben.

Die Zutaten für das Dressing gut verquirlen und abschmecken; es soll sowohl süßlich als auch säuerlich sein. Das Dressing mit dem Salat mischen.

TIPP // *Soll der Salat etwas gehaltvoller sein? Einfach ein paar Walnüsse grob hacken und über den Salat streuen.*

TABOULEH MIT MINZE & PETERSILIE

4 Personen

Mit Kräutern kann man einen Salat gut aufpeppen. Sie geben einen guten Geschmack und sind gesund. Nehmen Sie für diesen Salat gerne jeweils ein großes Bund Petersilie und Minze, und falls Sie einen Rest frischen Koriander haben, geben Sie ihn auch dazu.

Zutaten:
150 g Couscous
1 Bund glatte Petersilie
1 Bund Minze
2 rote Zwiebeln, geschält und fein geschnitten
1 Granatapfel
4 EL ungesalzene Pistazien, fein gehackt – man kann auch andere Nüsse verwenden

Dressing:
Schale von 1 Bio-Zitrone
Saft von ½ Zitrone
4 EL Olivenöl
Salz und Pfeffer

Den Couscous nach Packungsanweisung zubereiten und abkühlen lassen. Die Kräuter hacken und mit dem Couscous und den roten Zwiebeln vermischen. Die Kerne aus dem Granatapfel lösen und zusammen mit den Pistazien unter den Salat mischen.

Die Zutaten für das Dressing verrühren und abschmecken. Den Salat gut mit dem Dressing vermengen und am besten sofort servieren.

TIPP // *Der Salat passt richtig gut zu einem Stück Rind- oder Lammfleisch. Man kann auch noch Kichererbsen hinzufügen – dann bekommt man einen noch sättigenderen und nahrhafteren Salat. Ein wenig getrocknete Aprikosen oder Datteln geben dem Tabouleh zusätzlichen Pfiff.*

PINK PASSION

4 Personen

---

*Dieser Salat ist ein Luxussalat, der zu den meisten Arten von Fleisch oder einfach als selbststän-
diger Lunch-Salat gegessen werden kann. Man braucht dafür einige Zutaten,
aber ich verspreche Ihnen, er ist die Arbeit wert!*

Gebackene Tomaten:
500 g Cherrytomaten
1 EL Öl
Salz und Pfeffer

Die Cherrytomaten halbieren, mit Öl, Salz und Pfeffer
vermengen und bei 125 °C Heißluft 65–75 Minuten
backen.

Eingemachte rote Zwiebeln:
2 rote Zwiebeln
50 ml Apfelessig
50 ml Wasser
1 TL Salz
3–4 EL Zucker oder Sukrin
schwarzer Pfeffer

Die roten Zwiebeln in dünne Scheiben schneiden und
in ein Einmachglas geben. Essig, Wasser, Salz, Zucker
und Pfeffer in einen Topf geben und aufkochen. Den
Sud über die Zwiebeln gießen und das Glas mindestens
45 Minuten kalt stellen.

Die Mandeln mit Öl und Salz vermengen und im Ofen
bei 140 °C 15–20 Minuten backen. Behalten Sie sie im
Auge, sodass sie nicht zu dunkel werden.

Gebackene Mandeln:
4 EL Mandeln
1 EL Öl
Salz

Den geputzten Rucola in eine Schüssel geben und
den Feta darüberbröckeln. Die gebackenen Tomaten,
die eingemachten Zwiebeln und die grob gehackten
Mandeln zufügen. Die Zutaten für das Dressing gut
verrühren, darübergießen und den Salat abschmecken.

Außerdem:
100 g Rucola
100 g Feta oder Ziegenkäse

Dressing:
2 EL Olivenöl
1 TL grober Senf
Saft von ½ Zitrone
Salz und Pfeffer

TIPP // *Wenn Sie den Salat noch weiter aufpeppen wollen,
können Sie auch Avocadowürfel hinzufügen.*

NORDISCHER SALAT MIT HASELNÜSSEN, SANDDORN & HIMBEEREN

4 Personen

Die hübschen, grünen Spinatblätter sind gut für Sie – sie beinhalten Eisen und Unmengen an Vitaminen und Antioxidantien. Achten Sie darauf, den Spinat gründlich abzuspülen, da er eine ganze Menge Erde und Dreck enthalten kann. Wenn Sie keinen Sanddornsaft bekommen, fügen Sie stattdessen etwas mehr Apfelessig hinzu.

Zutaten:
140 g Graupen
175 g Babyspinat
125 g frische Himbeeren
5 EL Haselnüsse, geröstet

Dressing:
1–2 EL Sanddornsaft
4 EL Rapsöl
1 TL Apfelessig
Salz und schwarzer Pfeffer

Die Graupen nach Packungsanweisung kochen und abkühlen lassen.

Den Spinat gründlich abspülen und trockentupfen. Den Spinat und die Graupen in einer großen Schale verteilen und mit den Himbeeren und den grob gehackten Haselnüssen bestreuen.

Die Zutaten für das Dressing gut verrühren und abschmecken. Das Dressing über dem Salat verteilen und sofort servieren, evtl. zu einem Stück gutem Rindfleisch.

TIPP // *Sie können die Graupen evtl. durch Perldinkel oder Bulgur ersetzen.*

GRAPEFRUIT – HALLOUMI – MINZE

4 Personen

Ich habe für diesen Salat Baby-Grünkohl und Amarant-Blätter verwendet, aber Sie können auch wunderbar andere Salatsorten nehmen, z.B. Spinat, Rucola, Rote-Bete-Blätter, Feldsalat oder Mizuna.

Zutaten:
250 g Halloumi
Öl zum Braten
3 EL Pinienkerne
2 Grapefruits
75 g Baby-Grünkohl
75 g Amarant-Blätter
4 Stängel Minze

Dressing:
4 EL Olivenöl
1 EL Ahornsirup
1 EL Apfelessig
Salz und Pfeffer

Den Halloumi in dünne Scheiben schneiden und in einer heißen Pfanne in etwas Öl braten, bis er auf beiden Seiten goldbraun und knusprig ist. Dann die Pinienkerne goldbraun rösten. Die Grapefruits schälen und in Filets ohne Haut schneiden.

Den Grünkohl und den Amarant gründlich waschen und trocken tupfen. Die Minze fein hacken, alle Zutaten gut vermischen und in einer großen Schale verteilen.

Die Zutaten für das Dressing verrühren und abschmecken, evtl. mit mehr Sirup. Das Dressing über dem Salat verteilen und sofort servieren.

ASIATISCHER SALAT
MIT BOHNEN & ERDNUSSDRESSING

4 Personen

In der asiatischen Küche wird viel Wert auf Balance gelegt, und alle Gerichte enthalten Saures, Salziges, Süßes und Umami. Dieser Salat hat einen asiatischen Touch, und das leckere Erdnussdressing eignet sich auch gut für andere Salate oder als Dip für rohe Gemüsestäbchen.

Zutaten:
½ Daikon-Rettich
1 Karotte
200 g gefrorene grüne
 Bohnen
100 g Zuckererbsen
2 Frühlingszwiebeln

Dressing:
10 g Tamarinde
Saft von 1 Limette
30 g gesalzene Erdnüsse
1 EL Palmzucker
2 EL Tamari (kann durch
 Sojasauce ersetzt werden)
3 EL Wasser
1 EL Chiliflocken

Topping nach Wahl:
grob gehackte Erdnüsse
Amarant-Blätter
frischer Koriander

Den Daikon-Rettich und die Karotte schälen und mit einem Julienne-Schneider schneiden oder durch einen Spiralizer drehen. Die gefrorenen grünen Bohnen und die Zuckererbsen blanchieren. Abgießen und mit kaltem Wasser abspülen. Die Zuckererbsen in dünne Streifen schneiden und alles Gemüse gut vermischen. Die Frühlingszwiebeln fein hacken und in den Salat geben.

Die Zutaten für das Dressing gut mixen. Abschmecken – das Dressing sollte salzig, säuerlich, scharf und süßlich sein. Wenn Sie ein dünneres Dressing wollen, fügen Sie mehr Wasser hinzu. Den Salat mit dem Dressing mischen und evtl. mit grob gehackten Erdnüssen, Amarant oder frischem Koriander garnieren.

TIPP // *Falls Sie keine Tamarinde bekommen, können Sie etwas mehr Zitronensaft hinzufügen, sodass das Dressing schön säuerlich wird. Tamarinde ist eine Hülsenfrucht und wird in der asiatischen Küche häufig verwendet. Man kann sie als Püree, frische Hülse oder in Blöcken kaufen.*

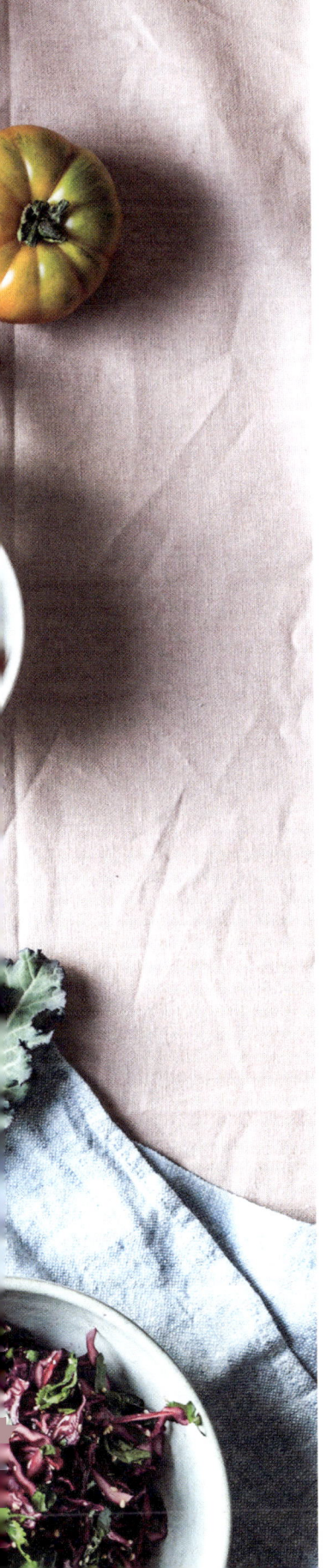

KAPITEL 3

LAUWARME SALATE

GRÜNER KARTOFFELSALAT & GEGRILLTE GURKEN

4 Personen

Ein wunderbar sommerlicher Salat, der gut auf einen Grillabend passt.
Sie können die Schalen an den Kartoffeln lassen, wenn Sie sie gründlich säubern.
Auf diese Weise erhalten Sie die Nährstoffe in der Kartoffel am besten.

Grüner Kartoffelsalat:
400 g gekochte neue Kartoffeln
100 g frische Erbsen, enthülst
1 rote Zwiebel, fein gehackt
1 Romana-Salatherz
2 Handvoll glatte Petersilie
4 EL Olivenöl
Schale von 1 Bio-Zitrone
Meersalz und schwarzer Pfeffer

Gegrillte Gurken:
2 Gurken
frische Minze
Meersalz
Chiliflocken

Die Kartoffeln in kleinere Stücke schneiden und mit den Erbsen, den Zwiebeln, den Salatblättern und der gehackten Petersilie vermischen. Öl, Zitronenschale, Salz und Pfeffer unterheben und den Salat am besten lauwarm servieren.

Die Gurken in passende Stücke schneiden und in einer heißen Grillpfanne oder auf dem Grill 2–3 Minuten grillen, bis sie Grillstreifen bekommen haben. Auf eine Platte legen und mit gehackter Minze, Salz und Chiliflocken bestreuen.

TIPP // *Die gegrillten Gurken eignen sich auch wunderbar als Beilage zu Fisch oder Fleisch.*

GERÖSTETER ROSENKOHL

4 Personen

Viele Leute mögen keinen Rosenkohl, aber die kleinen Röschen verdienen eine zweite Chance. Richtig zubereitet schmeckt Rosenkohl herrlich, und er enthält massenhaft gesunde Ballaststoffe, Vitamine und Mineralien. Im Salat schmeckt er auch roh lecker, aber für diesen lauwarmen Salat wird er in Butter gebraten.

Zutaten:
400 g Rosenkohl, evtl. TK
3 EL Butter
Salz und Pfeffer
75 g Walnüsse

Topping:
½ Bund Minze
1 Granatapfel

Den Rosenkohl gründlich putzen und evtl. die äußersten Blätter entfernen. Die Röschen halbieren und die Butter in einer Pfanne erhitzen. Den Rosenkohl bei mittlerer Hitze 10–12 Minuten braten und mit Salz und Pfeffer würzen. Grob gehackte Walnüsse hinzufügen und ca. 5 Minuten mitbraten. Die Mischung von der Platte nehmen und in eine große Schale geben.

Die Minze fein hacken und die Kerne aus dem Granatapfel lösen. Beides über den Salat streuen. Den Salat abschmecken und lauwarm servieren.

TIPP // Finden Sie es schwierig, die Kerne aus einem Granatapfel zu bekommen? Einfach den Granatapfel halbieren, in eine Schüssel mit Wasser legen und die Kerne unter Wasser herausbrechen. So vermeiden Sie eine Schweinerei in der Küche.

BOHNENSALAT MIT GERÖSTETEN GEWÜRZEN

4 Personen

Grüne Bohnen sind unglaublich gesund und beinhalten eine ganze Menge Proteine und Ballaststoffe. Ich verwende fast immer tiefgefrorene, aber Sie können natürlich auch frische nehmen. Wenn Sie einen gehaltvolleren und proteinhaltigeren Salat wollen, können Sie auch noch gekochte weiße Bohnen, Kidneybohnen oder gekochte Eier hinzufügen. Der Salat schmeckt auch kalt am nächsten Tag gut.

Zutaten:
3 EL Olivenöl
2 TL Fenchelsamen
2 TL ganzer Kreuzkümmel
2 TL Senfkörner
1 rote Zwiebel, geschält und
  fein gehackt
250 g Bohnen, gefroren
250 g Cherrytomaten
2 kleine Romana-Salat-
  herzen
Salz und Pfeffer
4 EL Mandeln, grob
  gehackt und geröstet
evtl. Öl und Zitronensaft

Eine Pfanne mit Öl erhitzen und die Fenchelsamen, den Kreuzkümmel und die Senfkörner 2 Minuten anbraten. Dann die Zwiebel zufügen. Alles gut verrühren, die Bohnen dazugeben und das Ganze 5–6 Minuten braten, bis die Bohnen weich sind.

Die Cherrytomaten halbieren und zusammen mit den Salatblättern in eine Schale legen. Die Bohnen mit Salz und Pfeffer abschmecken und über den Tomaten und den Salatblättern verteilen. Zum Schluss mit grob gehackten Mandeln bestreuen und mit Salz, Pfeffer, Olivenöl und Zitronensaft abschmecken.

ROTE BETE & ZIEGENKÄSE

4 Personen

Rote Bete enthält gute Ballaststoffe. Darüber hinaus ist sie auch reich an Eisen und Vitamin C.

Zutaten:
500 g kleine Rote Beten
2 EL Olivenöl
Salz und Pfeffer
175 g weicher Ziegenkäse
30 g Pinienkerne
4 Handvoll Rucola
1 Handvoll glatte Petersilie

Dressing:
3 EL Olivenöl
1 EL Balsamico
1 TL grober Senf
1 TL Honig
Salz und Pfeffer

Die Roten Beten schälen und in kleine Würfel schneiden. In Öl, Salz und Pfeffer wenden und auf einem mit Backpapier belegten Backblech verteilen. Bei 200 °C Heißluft ca. 20 Minuten backen.

Den Ziegenkäse in kleine Stücke schneiden und zusammen mit den Pinienkernen nach 20 Minuten zu den Roten Beten in den Ofen geben. Weitere 10 Minuten backen.

Den Rucola und die Petersilie in einer großen Schale verteilen. Die Zutaten für das Dressing gut verrühren und abschmecken. Die Rote Beten und den Ziegenkäse ein bisschen abkühlen lassen und auf Rucola und Petersilie verteilen. Das Dressing darübergießen und den Salat lauwarm servieren.

KÜRBIS, BLUMENKOHL & FENCHEL

4 Personen

Dieses lauwarme Mittagsgericht ist etwas aufwändig, aber es ist aus den leckersten Gemüsesorten und schmeckt wundervoll. Das Gericht kann auch als Vorspeise oder zusammen mit einem Stück Lachs als Abendessen serviert werden.

Kürbispüree:
500 g Hokkaido
2 EL Olivenöl
Salz und Pfeffer
25 g Pecorino

Marinierter Fenchel:
1 Fenchelknolle
Saft von 1 Orange
2 EL Apfelessig
1 EL Olivenöl
Salz und Pfeffer

Gebratener Blumenkohl:
250 g Blumenkohl
2 EL Olivenöl oder Butter
Salz und Pfeffer

Dukkah:
2 EL Fenchelsamen
2 EL Koriandersamen
75 g Haselnüsse
4 EL Sesam
2 EL Schwarzkümmel
Salz

Den Hokkaido halbieren, die Kerne entfernen und den Kürbis in kleine Würfel schneiden. Mit Öl, Salz und Pfeffer vermengen. Im Ofen bei 200 °C 30–35 Minuten backen, bis der Kürbis weich ist. Anschließend mit dem Pecorino mixen und Wasser hizufügen, bis das Kürbispüree die richtige Konsistenz hat.

Den Fenchel in ultradünne Scheiben hobeln. Orangensaft, Essig, Öl, Salz und Pfeffer vermischen und die dünnen Fenchelscheiben 15–20 Minuten marinieren lassen.

Den Blumenkohl in kleine Röschen zerteilen und in einer heißen Pfanne in Öl oder Butter 10–12 Minuten braten. Mit Salz und Pfeffer abschmecken.

Die Fenchel- und die Koriandersamen in einer heißen, trockenen Pfanne ein paar Minuten rösten. Herausnehmen und die Haselnüsse in die Pfanne geben. Die Nüsse rösten, bis sie goldbraun sind und die Haut sich leicht lösen lässt. Die Nüsse schälen und mit den übrigen Zutaten in einen Minihacker gaben und mixen.

Den Salat anrichten. Dafür das Kürbispüree in 4 tiefen Tellern verteilen, den Blumenkohl darübergeben, dann den Fenchel, und anschließend mit Dukkah bestreuen. Evtl. mit gehacktem Fenchelgrün dekorieren und lauwarm servieren.

LAUWARMER SALAT
MIT KICHERERBSEN & ROMANESCO

4 Personen

Romanesco ist mit das hübscheste Gemüse, das ich kenne, und er hat einen herrlich milden und süßlichen Geschmack. Falls Sie keinen Romanesco bekommen, können Sie auch Blumenkohl verwenden.

Zutaten:
1 Dose Kichererbsen
1 Romanesco oder Blumen-
* kohl*
4 EL Olivenöl
2 TL zerstoßener Kreuz-
* kümmel*
2 TL geräuchertes Paprika-
* pulver*
Salz

Topping:
1 Bund Minze, am besten
* marokkanische*
1 Bund Koriander

Dressing:
1 EL Tahini
1 Knoblauchzehe
6–8 EL Wasser
Zitronensaft
Salz

Die Kichererbsen abgießen und in eine Schüssel geben. Den Romanesco oder Blumenkohl in kleine Röschen schneiden und zufügen. Öl, Kreuzkümmel, Paprikapulver und Salz dazugeben und alles gut vermengen. Die Mischung auf einem mit Backpapier belegten Backblech verteilen und bei 180 °C Heißluft ca. 30 Minuten backen. Die Mischung etwas abkühlen lassen und dann mit gehackter Minze und Koriander vermengen.

Die Zutaten für das Dressing gut vermischen. Mit Zitronensaft und Salz abschmecken und zu dem lauwarmen Salat servieren. Wenn das Dressing dünner sein soll, geben Sie etwas mehr Wasser dazu.

TIPP // *Wenn Sie etwas Süße in Ihrem Salat wollen, fügen Sie kleine Apfelwürfel oder Granatapfelkerne hinzu.*

SALAT MIT GEGRILLTEM HALLOUMI
& NEKTARINEN

4 Personen

Ein richtig leckerer Sommersalat. Wenn Sie Halloumi nicht kennen, empfehle ich Ihnen dringend, ihn zu probieren. Der zypriotische Käse hat einen herrlich salzigen Geschmack und eine leckere Konsistenz. Perfekt für Salate.

Zutaten:
4 EL Mandeln
2 EL Öl
200 g Halloumi
3 Nektarinen
100 g gemischte Salat-
blätter

Dressing:
3 EL Olivenöl
1 EL flüssiger Honig
Saft von ½ Zitrone
Salz und Pfeffer
6–8 Stängel Thymian

Die Mandeln in einer trockenen, heißen Pfanne rösten, bis sie etwas Farbe bekommen. Aus der Pfanne nehmen und grob hacken.

In der Pfanne Öl erhitzen, den Halloumi in Scheiben schneiden und auf beiden Seiten goldbraun braten. Die Nektarinen in Scheiben schneiden und in einer heißen Grillpfanne oder auf dem Grill grillen, bis sie auf beiden Seiten schöne Grillstreifen haben.

Die Salatblätter in einer großen Schale verteilen und den Halloumi, die gegrillten Nektarinen und die gehackten Mandeln darübergeben.

Die Zutaten für das Dressing verquirlen und abschmecken. Das Dressing über den Salat geben und am besten sofort servieren.

TIPP // Früchte sind in Salaten sehr lecker. Sie geben eine süße Note und passen gut zu Käse wie hier z.B. Halloumi.

GEDÄMPFTER SPARGEL MIT EI

4 Personen

Grüner Spargel hat ungefähr von Mai bis Juli Saison. Spargel ist reich an Folsäure und Vitamin B und kann roh, gebraten, gegrillt oder gedämpft gegessen werden. Der Salat eignet sich als Bestandteil eines Buffets oder als Beilage zu warm geräuchertem Lachs.

Zutaten:
8–10 Stangen grüner
  Spargel pro Person

Dressing:
4 Eier, hart gekocht
3 EL Olivenöl
1 EL Apfelessig
1–2 TL grober Senf
Schale von 1 Bio-Zitrone
Salz und Pfeffer

Topping:
evtl. Sauerklee oder fein
  gehackter Schnittlauch
  zur Dekoration
etwas geriebene Zitronen-
  schale

Den untersten, holzigen Teil des Spargels entfernen und wegwerfen. Den grünen Spargel 2–3 Minuten dämpfen – er sollte nicht zu weich werden.

Die hart gekochten Eier fein hacken und mit den übrigen Zutaten für das Dressing vermischen. Gut verrühren und abschmecken. Den gedämpften Spargel auf eine Platte geben und das Dressing darüber verteilen. Evtl. mit Sauerklee und etwas geriebener Zitronenschale dekorieren.

TIPP // *Sie können den grünen Spargel auch durch weißen ersetzen, aber denken Sie daran, dass der weiße Spargel im Gegensatz zum grünen geschält werden muss.*

KÜRBISSCHEIBEN MIT GRÜNKOHL
& PINIENKERNEN

4 Personen

Hokkaido ist ein japanischer Kürbis, der superlecker wird, wenn man ihn im Ofen backt.
Die Schale wird beim Backen weich, sodass man sie nicht entfernen muss, aber achten Sie
auf biologischen Anbau. Hokkaido ist reich an Beta-Carotin, Vitamin B und C
und voller Ballaststoffe.

Zutaten:
1 Hokkaido, am besten
  biologisch
2 Knoblauchzehen
3 EL Olivenöl
Salz und Pfeffer
75 g Grünkohl
50 g Pinienkerne

Den Kürbis halbieren und alle Kerne entfernen.
In dünne Scheiben schneiden, ca. 0,5 mm dick. Den
geschälten Knoblauch reiben oder pressen und mit Öl,
Salz und Pfeffer verrühren. Die Kürbisscheiben im
Knoblauchöl wenden und auf einem mit Backpapier
belegten Backblech verteilen. Bei 200 °C ca. 20 Minuten backen.

Den Grünkohl putzen und die Strünke entfernen.
In kleine Stücke hacken, zu dem Kürbis in den Ofen
geben und mit Pinienkernen bestreuen. Weitere
10–12 Minuten backen, bis der Kohl knusprig
geworden ist.

TIPP // Den Salat lauwarm zu beispielsweise Frikadellen
oder Hackbraten servieren.

SALAT MIT LAUWARMEN LINSEN & WURZELGEMÜSE

4 Personen

Linsen haben einen etwas langweiligen Ruf, aber richtig zubereitet sind sie ein herrliches Essen. Hier bekommen sie Gesellschaft von gebackenem Wurzelgemüse und leckerem cremigen Feta.

Zutaten:
2 Rote Beten
2 Pastinaken
2 Karotten
2 EL Olivenöl
Salz und Pfeffer
180 g schwarze Linsen
75 g Rucola
75 g Feta

Dressing:
4–5 EL Olivenöl
1 TL grober Senf
1 EL Apfelessig
Salz und Pfeffer

Das Wurzelgemüse schälen und in mundgerechte Würfel schneiden. Mit Öl, Salz und Pfeffer vermengen und auf einem mit Backpapier belegten Backblech verteilen. Bei 200 °C Heißluft ca. 20 Minuten backen. Es darf gerne noch etwas Biss haben.

Die Linsen nach Packungsanweisung kochen. Währenddessen den Rucola gründlich abspülen und den Feta in kleinere Stück bröckeln. Die Zutaten für das Dressing verrühren und abschmecken.

Die gekochten Linsen abgießen und mit dem Dressing mischen. Das Wurzelgemüse etwas abkühlen lassen und dann mit Linsen, Rucola und Feta vermengen.

TIPP // *Dieser schöne Wintersalat passt wunderbar zu den meisten Fleischsorten, eignet sich aber auch als sättigendes Mittagsgericht.*

LINSEN, SAUERKRAUT & KICHERERBSEN

4 Personen

---

*Linsen schmecken lauwarm fantastisch, weil die Wärme den Geschmack hervorhebt.
Gleichzeitig stecken sie voller Proteine und machen schön satt.*

Zutaten:
150 g Linsen
1 Dose Kichererbsen
2 rote Paprikaschoten
1 Bund Petersilie
2–3 EL Sauerkraut,
  evtl. selbstgemacht,
  siehe S. 175

Dressing:
10 g Ingwer
2 TL scharfe Chilisauce,
  z.B. Sriracha
4 EL Olivenöl
Salz
evtl. Limettensaft zum
  Abschmecken

Die Linsen nach Packungsanweisung kochen, abgießen und etwas abkühlen lassen. Die Paprikaschoten in kleine Würfel schneiden und die Petersilie fein hacken. Die lauwarmen Linsen mit Kichererbsen, Paprika, Petersilie und Sauerkraut mischen.

Den Ingwer schälen und zusammen mit der Chilisauce sowie Öl und Salz in einen kleinen Minihacker oder Mixer geben. Alles gut mixen und das Dressing abschmecken, evtl. mit etwas Limettensaft. Das Dressing gut mit dem Salat vermengen und vor dem Servieren abschmecken.

TIPP // *Diesen Salat kann man wunderbar mit ins Büro nehmen – einfach am Tag zuvor zubereiten und in eine Plastikbox oder ein Einmachglas geben. Das Dressing erst kurz vor dem Servieren zufügen.*

GEBACKENER HOKKAIDO MIT FETA & ZITRONE

4 Personen

Es gibt viele verschiedene Arten von Kürbissen. Einer meiner Favoriten ist Hokkaido,
der einen süßen, milden Geschmack hat und sich sehr gut zum Backen oder für Suppe eignet.
Ich lasse die Schale daran, wenn ich meinen Kürbis backe, so schmeckt er richtig gut,
aber nehmen Sie am besten einen biologischen.

Zutaten:
1 Hokkaido, am besten
*   biologisch*
2 EL Olivenöl
Schale von 1 Bio-Zitrone
Salz und Pfeffer
3–4 Stängel frischer
*   Rosmarin*
100 g Ziegenfeta
4 EL Kürbiskerne
Salz und Pfeffer

Topping:
1 Bund Brunnenkresse

Den Kürbis halbieren und alle Kerne entfernen. In mundgerechte Würfel schneiden und mit Öl, Zitronenschale, Salz, Pfeffer und gehacktem Rosmarin vermengen. Die Mischung auf ein mit Backpapier belegtes Backblech geben und bei 200 °C Heißluft ca. 20 Minuten backen. Das Backblech herausnehmen, den Feta darüberbröckeln und mit den Kürbiskernen bestreuen. Weitere 10 Minuten backen. Die Mischung in eine Schale geben und mit Salz und Pfeffer abschmecken. Mit frischer Brunnenkresse bestreuen und den Salat evtl. zu einem Stück Schweinefleisch servieren.

TIPP // *Für mich ist dieser Salat ein perfektes Mittagsgericht, aber er eignet sich auch wunderbar zu einem Stück Schweinefleisch als Abendessen.*

SUPPEN

TOMATENSUPPE MIT ROTEN LINSEN

4 Personen

Diese Suppe ist günstig und einfach zuzubereiten. Nehmen Sie gute, reife Tomaten mit viel Geschmack. Wenn Sie keine reifen Tomaten bekommen, verwenden Sie stattdessen gute Tomaten aus der Dose.

Zutaten:
2 rote Zwiebeln
4 Knoblauchzehen
2 EL Olivenöl
1 kg frische, reife Tomaten
1 Bund frischer Oregano
500–600 ml Gemüsebrühe
100 g rote Linsen
Salz und Pfeffer
evtl. etwas Zucker und
*   Balsamico*
150 ml Sahne

Topping:
etwas frischer Oregano
etwas Crème fraîche

Die Zwiebeln und den Knoblauch schälen, grob hacken und in einem heißen Topf in Öl anschwitzen. Die Tomaten in kleinere Stücke schneiden und zusammen mit dem Oregano in den Topf geben. Das Ganze ca. 5 Minuten gut anbraten und die Tomaten mit Brühe bedecken. Alles ca. 30 Minuten köcheln lassen.

Die Suppe mit einem Stabmixer mixen. Mehr Wasser zufügen, bis die Suppe die richtige Konsistenz hat. Die Linsen zufügen und die Suppe 20–30 Minuten köcheln lassen. Mit Salz, Pfeffer und evtl. einer Prise Zucker und Balsamico abschmecken.

Zum Schluss die Sahne zufügen und die Suppe durchwärmen. Mit frischem Oregano und evtl. etwas Crème fraîche dekorieren.

TIPP // *Die Suppe schmeckt am Tag danach oft sogar noch besser, wenn sie durchgezogen ist. Machen Sie also gerne große Portionen, sodass es für mehrere Tage reicht, oder frieren Sie die Suppe für stressige Tage ein.*

KAROTTENSUPPE MIT KOKOSMILCH & KICHERERBSEN

4–6 Portionen

Karotten sind ein Gemüse mit hohem Ballaststoff- und Beta-Carotin-Gehalt.
Sie eignen sich für viele Dinge, u.a. für Suppe.

Zutaten:
20 g Ingwer
4 Knoblauchzehen
3 EL Kokosöl
3–4 TL zerstoßener Kreuz-
*   kümmel*
2 TL Kurkuma
800 g Karotten
600–800 ml Gemüsebrühe
2 Dosen Kokosmilch
1 Dose Kichererbsen
1 rote Chilischote
Limettensaft
Salz

Den Ingwer und den Knoblauch schälen, grob hacken und in einem heißen Topf 1–2 Minuten in Kokosöl anschwitzen. Den Kreuzkümmel und die Kurkuma zufügen und gut rühren. Die Karotten in grobe Stücke schneiden, in den Topf geben und das Ganze 3–4 Minuten anbraten. Die Brühe zufügen und ca. 30 Minuten köcheln lassen, bis die Karotten ganz weich sind.

Die Kokosmilch, die abgetropften Kichererbsen und den Chili zufügen und die Suppe mit einem Stabmixer mixen. Die Suppe ca. 30 Minuten köcheln lassen und vor dem Servieren mit Limettensaft und Salz abschmecken.

TIPP // *Wenn Sie mehr Textur in Ihrer Suppe wollen, fügen Sie vor dem Servieren noch mehr Kichererbsen hinzu.*

THAISUPPE MIT KNACKIGEM GEMÜSE

4 Personen

Dies ist eine milde und leichte Suppe. Wenn Sie eine etwas gehaltvollere und sättigendere Suppe wollen, können Sie z.B. Nudeln, Garnelen, Kabeljau oder noch mehr Gemüse zufügen.

Zutaten:
2 TL dunkles Sesamöl
15 g Ingwer, geschält und
* fein gehackt*
2 Knoblauchzehen, geschält
* und fein gehackt*
2 EL rote Currypaste
6 Frühlingszwiebeln, in
* Scheiben geschnitten*
120 g Bambussprossen
2 Karotten, klein gewürfelt
2 Dosen Kokosmilch
Saft von 1 Limette
400–500 ml Brühe
1 EL Fischsauce
evtl. etwas Zucker

Topping:
Radieschen, in dünne
* Scheiben geschnitten*
evtl. etwas roter Chili

Das Öl in einem Topf erhitzen und den Ingwer, den Knoblauch und die Currypaste 2–3 Minuten anbraten. Die Frühlingszwiebeln, die Bambussprossen, die Karotten und die Kokosmilch zufügen und die Suppe aufkochen lassen. Den Limettensaft, die Brühe und die Fischsauce zufügen und abschmecken. Evtl. etwas Zucker zufügen. Die Suppe mit in dünne Scheiben geschnittenen Radieschen servieren und evtl. mit etwas Chili bestreuen.

TIPP // Servieren Sie diese Suppe in kleineren Portionen als leckere, milde Vorspeise.

INDISCHE SUPPE MIT KARDAMOM & ÄPFELN

4 Personen

---

*Eine würzige Suppe mit richtig viel Geschmack – perfekt für einen kalten Herbsttag.
Lassen Sie sich nicht von der langen Zutatenliste abschrecken, die Suppe ist definitiv die Mühe
wert. Machen Sie am besten eine große Portion, sie schmeckt am Tag danach noch besser.*

Zutaten:
2 EL Kokosöl
2 rote Zwiebeln, geschält
  und fein gehackt
3 Knoblauchzehen, geschält
  und gerieben
4 Selleriestangen, in kleine
  Stücke geschnitten
1 Apfel, klein gewürfelt
2 TL Kurkuma
15 g geriebener Ingwer
2 TL zerstoßener Kreuz-
  kümmel
1 TL scharfes Currypulver
1 EL Garam Masala
4 Kardamomkapseln
1 Zimtstange
4 getrocknete Limetten-
  blätter
1 Dose stückige Tomaten
ca. 1 l Brühe
100 g rote Linsen
1 Dose Kokosmilch
Limettensaft
Salz

Das Kokosöl in einem Topf erhitzen und die Zwiebeln, den Knoblauch, den Sellerie und den Apfel anschwitzen. Die Kurkuma, den geriebenen Ingwer, den Kreuzkümmel, das Curry und das Garam Masala zufügen. Gut umrühren und den Kardamom, den Zimt, die Limettenblätter, die Tomaten und die Brühe dazugeben. Alles bei mittlerer Hitze ca. 1 Stunde köcheln lassen. Anschließend die Linsen und die Kokosmilch zufügen und die Suppe weitere 45 Minuten köcheln lassen. Mit Limettensaft und evtl. etwas Salz abschmecken. Den Kardamom, den Zimt und die Limettenblätter vor dem Servieren herausnehmen. Falls gewünscht, mit Koriander dekorieren.

TIPP // *Wenn Sie eine nahrhaftere Suppe wollen, können
Sie eine große Kartoffel in kleine Würfel schneiden und
dazugeben.*

TEX-MEX-SUPPE MIT SCHWARZEN BOHNEN & AVOCADO

4 Personen

Diese Suppe ist richtig gehaltvoll, sowohl im Geschmack als auch in der Konsistenz, und sie wird immer besser, je länger sie köcheln darf.

Zutaten:
2 EL Öl
2 Zwiebeln, geschält und
*   fein gehackt*
2 Knoblauchzehen, geschält
*   und fein gehackt*
2 TL zerstoßene Chipotle-
*   Chilis*
2 TL zerstoßener Kreuz-
*   kümmel*
2 EL eingelegte Jalapeños
2 Dosen stückige Tomaten
1 Dose schwarze Bohnen
300 g Mais, frisch, gefroren
*   oder aus der Dose*
600–800 ml ~~Hühner~~fond Gemüse

Topping:
2 Avocados, gewürfelt
1 Bund frischer Koriander
4 Handvoll Tortilla-Chips
ca. 50 g fester Feta
Limettenblätter

Das Öl in einem Topf erhitzen und die Zwiebeln und den Knoblauch anschwitzen. Die Chipotle-Chilis, den Kreuzkümmel und die Jalapeños zufügen und gut umrühren. Die übrigen Zutaten dazugeben und die Suppe 1–1 ½ Stunden köcheln lassen. Abschmecken. Die Suppe darf ruhig ein bisschen scharf sein, also geben Sie mehr Chili dazu, wenn Sie scharfes Essen mögen. Wenn Sie eine dünnere Suppe wollen, fügen Sie mehr Fond hinzu.

Die Suppe in vier große Schüsseln verteilen und jede mit Avocadowürfeln, Koriander, zerstoßenen Tortilla-Chips, zerbröckeltem Feta und Limettenblättern bestreuen.

MISO-SUPPE MIT PILZEN
& BUCHWEIZENNUDELN

4 Personen

Miso können Sie in Asialäden, Reformhäusern und größeren Supermärkten kaufen. Dasselbe gilt für Thai-Basilikum, das einen fantastisch aromatischen Geschmack hat und deshalb nicht durch normales Basilikum ersetzt werde kann. Wenn Sie mehr Proteine in Ihrer Suppe wollen, geben Sie halbierte hart gekochte Eier dazu.

Suppe:
10 g Ingwer
1–1,2 l kochendes Wasser
3–4 EL Misopaste
2 EL Tamari (oder Soja-
    sauce)
Limettensaft

Einlage:
150 g Buchweizennudeln
250 g Pilze, z.B. Champig-
    nons, Austernpilze oder
    Shitake-Pilze
Öl
Salz und Pfeffer
4 Frühlingszwiebeln
½ Bund Thai-Basilikum
2 TL Sesam

Den Ingwer schälen und reiben und mit dem kochenden Wasser vermischen. Die Misopaste einrühren und mit Tamari und Limettensaft abschmecken. Die Nudeln nach Packungsanweisung kochen. Die Pilze in dünne Scheiben schneiden und in einer heißen Pfanne 4–5 Minuten in Öl braten. Mit Salz und Pfeffer würzen.

Die Nudeln, die Pilze und die fein gehackten Frühlingszwiebeln in vier Schalen verteilen und die Misosuppe darübergeben. Mit Thai-Basilikum und Sesam dekorieren und die Suppe sofort servieren.

Falls gewünscht, die Suppe mit Chilisauce oder z.B. etwas dunklem Sesamöl abschmecken.

TIPP // *Anstelle von Nudeln können Sie auch fein geschnittenen Spitzkohl hineingeben – auf diese Weise haben Sie noch eine Extraportion Gemüse in der Suppe.*

SUPPE MIT GEBACKENER PAPRIKA

4 Personen

Diese Suppe ist aus Tomate und Paprika gemacht, die im Ofen gebacken wurde.
Das gibt der Suppe einen süßlichen, intensiven Geschmack. Sie ist einfach zu machen
und hat nicht viele Zutaten, sie ist also sowohl günstig als auch gesund.
Evtl. mit etwas Fleisch servieren, z.B. einem Rest Hühnchen.

Zutaten:
4 rote Paprikaschoten
600 g Tomaten
2 rote Zwiebeln
2 Knoblauchzehen
1 EL Olivenöl
Salz und Pfeffer
frischer Thymian
1 Handvoll glatte Petersilie
4 EL Olivenöl
200–300 ml Gemüsebrühe

Topping:
Crème fraîche oder Joghurt
Feta

Die Paprikaschoten putzen, halbieren und die Kerne entfernen. Die Tomaten und die geschälten Zwiebeln in kleinere Stücke schneiden und mit den Paprika und den geschälten Knoblauchzehen auf ein Backblech geben. Die Mischung mit Öl, Salz und Pfeffer vermengen und etwas frischen Thymian dazugeben. Alles bei 200 °C ca. 1 Stunde backen. Hin und wieder umrühren.

Die Gemüsemischung zusammen mit dem Olivenöl und der geputzten Petersilie in einen Mixer geben. Mixen, bis die Mischung ganz glatt und cremig ist. Mit Salz und Pfeffer abschmecken. Die Suppe in einen Topf geben und Brühe oder Fond zufügen, je nachdem, welche Konsistenz Sie wünschen. Die Suppe mit einem Löffel Crème fraîche oder Joghurt servieren.

TIPP // Die Suppe schmeckt auch sehr lecker,
wenn man Feta hineinbröckelt.

SPICY SUPPE MIT KÜRBIS & TOMATE

4 Personen

Diese Kürbissuppe ist der Inbegriff von Herbst, sowohl farblich als auch geschmacklich.
Zu der Suppe serviere ich oft mein leckeres Nussbrot, Rezept siehe S. 29.

Zutaten:
800–1000 g Hokkaido
1 rote Zwiebel
3 Knoblauchzehen
2 EL Olivenöl
400 g Tomaten
2–3 TL zerstoßener Kreuz-
    kümmel
2 TL zerstoßener Chili
1 TL Kurkuma
800–900 ml Gemüsebrühe
400 ml Kokosmilch
Salz und Pfeffer

Topping:
frische Minze
Granatapfelkerne
Dukkah, siehe S. 82

Den Kürbis schälen, entkernen und in kleine Würfel schneiden. Die Zwiebel und den Knoblauch schälen, grob hacken und in etwas Olivenöl in einem Topf anschwitzen. Den Kürbis und die halbierten Tomaten zufügen. Unter Rühren ein paar Minuten anbraten. Den Kreuzkümmel, den Chili und die Kurkuma zufügen und gut umrühren. Die Brühe dazugeben und ca. 30 Minuten köcheln lassen. Anschließend die Suppe mixen, bis sie ganz glatt und gleichmäßig ist. Mehr Fond hinzufügen, falls Sie eine dünnere Suppe wünschen. Die Kürbissuppe erhitzen, die Kokosmilch zufügen und mit Salz und Pfeffer abschmecken.

Die Suppe mit frischer Minze und Granatapfelkernen oder selbstgemachter Dukkah dekorieren, das passt perfekt dazu!

TIPP // *Brot zur Suppe ist immer gut. Probieren Sie z.B. das Nussbrot auf S. 29, evtl. mit ein paar Scheiben Avocado belegt. Das ist besonders sättigend und schmeckt herrlich.*

SUPPE AUS WEISSEM SPARGEL

2–4 Personen

Dies ist eine milde, delikate Suppe mit weißem Spargel im Zentrum. Weißer Spargel muss vor Gebrauch geschält werden – am besten geht das von der Spitze nach unten. Evtl. beim Schälen auf ein Schneidebrett legen, dann brechen die Stangen nicht ab. Die Enden vorher abschneiden. Man kann die Suppe noch aufpeppen, indem man vor dem Servieren Garnelen dazugibt.

Zutaten:
1 kg weißer Spargel
1 Zwiebel, geschält und fein
  gehackt
1 EL Butter
1 l Hühnerfond
150 ml Sahne
Weißwein oder Zitronensaft
4 Handvoll Brunnenkresse

Den weißen Spargel schälen und den untersten Teil abschneiden. In kleinere Stücke von ca. 1 cm schneiden und die Spitzen zur Seite legen – sie werden zuletzt verwendet.

Die Zwiebel in Butter braten, den Spargel zufügen und ca. 2 Minuten weiterbraten. Den Fond zufügen und alles ca. 30 Minuten köcheln lassen, bis der Spargel weich ist. Die Suppe in einem Mixer oder mit einem Stabmixer ganz glatt mixen und anschließend die Sahne und die Spargelspitzen dazugeben. Die Suppe erhitzen und mit Weißwein oder Zitronensaft, Salz und Pfeffer abschmecken. Mit viel frischer Brunnenkresse servieren.

TIPP // *Weißer Spargel hat ein feines, süßliches Aroma, das an Erbsen erinnert. Er eignet sich sehr gut für Suppe, kann aber auch roh in Salaten verwendet werden.*

GRÜNE SUPPE MIT ERBSEN & BROKKOLI

4 Personen

Bei mir zu Hause ist Erbsensuppe sommers wie winters ein Hit. Ich bestreue die Suppe
mit gerösteten Haselnüssen und knusprigem Bacon, dann ist sie besonders lecker.

Zutaten:
1 EL Butter
2 Knoblauchzehen
1 Zwiebel
300 g Brokkoli
450 g Erbsen, gefroren
Schale von 1 Bio-Zitrone
700–800 ml Gemüsebrühe
250 ml Sahne
Salz und Pfeffer

Topping:
4 EL geröstete Haselnüsse
evtl. Erbsensprossen
~~knusprig gebratener Bacon~~

Die Butter in einem Topf erhitzen. Den Knoblauch und die Zwiebel schälen, grob hacken und ca. 2 Minuten anschwitzen. Den Brokkoli in grobe Stücke schneiden und zusammen mit den Erbsen und der Zitronenschale in den Topf geben. Die Brühe zufügen und die Suppe ca. 20 Minuten köcheln lassen. Mit einem Stabmixer ganz glatt mixen. Die Suppe aufkochen lassen, die Sahne zufügen und mit Salz und Pfeffer abschmecken. Wenn Sie eine dünnere Suppe wollen, fügen Sie etwas mehr Brühe hinzu.

Die Suppe mit gerösteten Haselnüssen und evtl. ein paar Erbsensprossen oder knusprigem Bacon servieren.

KAPITEL 5

HAUPTGERICHTE

GRÜNE EIER-WRAPS MIT KOHLFÜLLUNG

4 Personen

Eier-Wraps sind sowohl als Mittagessen als auch als Abendessen richtig lecker.
Man kann eine große Portion machen und sie ein paar Tage im Kühlschrank stehen lassen.
Die Variationen für die Füllung sind unendlich, z.B. ein Rest Salat, ein bisschen Fleisch
oder wie hier Kohl und Chili-Mayo.

Eier-Wraps, 8 Stück:
4 Eier
2 TL Flohsamen-
  schalen-Pulver
2 Handvoll Spinat
Salz und Pfeffer
Öl zum Braten

Füllung:
½–1 Spitzkohl, es gehen
  auch andere Kohlsorten
1 Gurke
6 EL geröstete Mandeln
150 g Feta
75 g Sprossen, z.B. Bohnen-
  oder Erbsensprossen

Chili-Mayo:
4–5 EL gute Mayonnaise
2 EL Joghurt
1–2 TL scharfe Chilisauce

Die Eier zusammen mit dem Flohsamenschalen-Pulver, dem Spinat sowie Salz und Pfeffer in eine Schüssel geben und mit einem Stabmixer mixen. Öl in einer Pfanne erhitzen und nacheinander 8 Eierpfannkuchen backen. Sie sollten auf jeder Seite 1–2 Minuten braten. Dabei daran denken, sie so dünn zu machen, dass man sie rollen kann.

Den Kohl in sehr dünne Streifen und die Gurke in kleine Würfel schneiden. Mit den grob gehackten Mandeln, kleinen Fetastücken und Sprossen mischen.

Die Mayonnaise, den Joghurt und die Chilisauce gut verrühren und abschmecken.

Etwas Dressing auf einen Wrap streichen, die Kohlfüllung hineingeben und zusammenrollen – fertig!

DINKELOTTO MIT EDAMAME-BOHNEN & BRUNNENKRESSE

4 Personen

Edamame-Bohnen sind supergesund, proteinreich und schmecken sehr lecker.
Für dieses Dinkelotto (eine Wortschöpfung aus Dinkel und Risotto) ist es am einfachsten,
eine Tüte gekochte und geschälte Bohnen zu kaufen. Man bekommt sie
in Asia-Läden und größeren Supermärkten.

Zutaten:
2 Knoblauchzehen
2 Zwiebeln
5 Selleriestangen
2 EL Olivenöl
200 g Perldinkel
1–1,2 l Gemüsebrühe
100 g Parmesan oder
  anderer Hartkäse
300 ml Edamame-Bohnen,
  gekocht und geschält
  (einfach im Messbecher
  abmessen)
Salz und Pfeffer
Saft von ½ Zitrone

Topping:
1 großes Bund Brunnen-
  kresse

Den geschälten Knoblauch reiben oder pressen, die geschälten Zwiebeln und die Selleriestangen in kleine Würfel schneiden und in Öl ca. 2 Minuten anschwitzen. Den Perldinkel zufügen und weitere 2 Minuten braten. Nach und nach die Brühe dazugeben und etwas einkochen lassen, bevor noch mehr hinzugefügt wird. Auf diese Weise fortfahren, bis der Dinkel weich, aber immer noch etwas bissfest ist. Das dauert 20–22 Minuten.

Den Parmesan reiben und zusammen mit den Edamame-Bohnen in das Dinkelotto einrühren. Das Gericht mit Salz, Pfeffer und Zitronensaft abschmecken. Vor dem Servieren mit reichlich Brunnenkresse bestreuen.

TIPP // Falls Sie keine Edamame-Bohnen bekommen,
können Sie stattdessen Erbsen verwenden.

PAKORA MIT JOGHURT-DIP

4 Personen

Pakora ist ein klassischer indischer Snack und eine richtig leckere Form, Gemüse zu servieren.
Man kann dafür die meisten Gemüsesorten verwenden, es ist also eine leichte
und wohlschmeckende Art, Ihre Gemüsereste zu verbrauchen.
Pakora kann man auch gut mitnehmen oder in einen Eier-Wrap einrollen, siehe S. 123.

Zutaten:
200 g Zucchini
200 g Blumenkohl
1 rote Zwiebel
2 TL ganzer Kreuzkümmel
1 TL Fenchelsamen
1 TL Chiliflocken
1 TL Meersalz
½ Bund Koriander
300–350 ml Wasser
300 g Kichererbsenmehl
Öl zum Braten

Dip:
400 g griechischer oder
  türkischer Joghurt
2 Knoblauchzehen, geschält
  und gerieben
½ Bund Koriander, gehackt
Saft von 1 Limette
Salz und Pfeffer

Die Zucchini und den Blumenkohl in kleine Stücke schneiden und die Zwiebel schälen und fein hacken. Zusammen mit den Gewürzen und dem Koriander in eine Schüssel geben. Das Wasser und das Kichererbsenmehl in einer anderen Schüssel zu einem Teig verrühren und das Gemüse darin wenden. Öl in einer großen Pfanne erhitzen und die Gemüsemischung portionsweise auf beiden Seiten goldbraun und knusprig braten.

Den Joghurt mit geriebenem Knoblauch und gehacktem Koriander vermischen und den Dip mit Limettensaft, Salz und Pfeffer abschmecken. Die lauwarmen Pakoras mit Joghurt Dip servieren.

TIPP // Soll es etwas schärfer sein? Sie können auch
gut einen anderen Dip verwenden, z.B. Chutney oder
Sweet-Chili-Sauce.

GEBACKENE AUBERGINEN MIT TAHINI-DRESSING

4 Personen

Auberginen sind unglaublich schön, und hinter der hübschen dunkellila Schale verbergen sich richtig viel Gesundheit und Geschmack. Auberginen enthalten eine ganze Menge Ballaststoffe und sind reich an dem Mineral Kalium. Servieren Sie dieses Gericht evtl. mit beispielsweise Lammfleisch oder einem guten, gehaltvollen Salat.

Zutaten:
2 Auberginen
6 EL Olivenöl
Salz

Dressing:
2 TL Tahini
4–5 EL griechischer Joghurt
Saft von ½ Zitrone
Schale von 1 Bio-Zitrone

Topping:
½ Bund Minze
1 Granatapfel
4 TL Dukkah, siehe S. 82

Die Auberginen halbieren und mit einer Gabel Löcher in die Schnittfläche stechen. Mit Öl bestreichen und mit Salz bestreuen. Die Hälften auf ein Backblech legen und bei 200 °C Heißluft 50–55 Minuten backen. Die Zutaten für das Dressing verrühren und abschmecken. Die Auberginen etwas abkühlen lassen und dann mit Dressing, gehackter Minze, Granatapfelkernen und einer Prise Dukkah bestreuen.

TIPP // *Auberginen eignen sich gut für Dips. Dafür die Auberginen backen, bis sie ganz weich sind, das Fruchtfleisch herausschaben und mit Olivenöl, Tahini, Joghurt, Zitronensaft und Salz mixen. Den Dip mit Granatapfelkernen und Dukkah bestreuen, siehe S. 82, und zusammen mit Brot, Salat und z.B. Lammfleisch servieren.*

BLÄTTERTEIGTARTE MIT PILZEN

4 Personen

Wenn es schnell gehen muss, ist eine Tarte ideal, und Sie können den Belag ganz nach Saison variieren, z.B. Tomate-Zwiebel, gebackenes Gemüse mit Feta oder Kürbis-Rosmarin.

Zutaten:

4 Blätterteigplatten, leicht
  angetaut
1 verquirltes Ei

Belag:

100 g geriebener Käse,
  am besten würziger
6 EL Crème fraîche
2 Eier
Salz und Pfeffer
300 g Pilze, z.B. Pfiffer-
  linge, Champignons,
  Austernpilze
2 rote Zwiebeln
1 EL Butter
frischer Thymian

Zwei Blätterteigplatten auf einer bemehlten Fläche ausrollen. Die Platten so hinlegen, dass die Enden einander überlappen, und den Teig nicht zu dünn ausrollen. Die Ränder rundherum ein wenig nach oben falten und den Blätterteig auf ein mit Backpapier belegtes Backblech legen. Dasselbe mit den beiden anderen Blätterteigplatten wiederholen, sodass es insgesamt zwei Tartes werden. Den Teig mit verquirltem Ei bestreichen und die Tarteböden bei 200 °C Heißluft ca. 10 Minuten backen.

Den geriebenen Käse, die Crème fraîche und die Eier verrühren und mit Salz und Pfeffer würzen.

Die Pilze in kleinere Stücke schneiden und die Zwiebel schälen und grob hacken. In einer heißen Pfanne in Butter anbraten, bis sie weich und goldbraun sind. Mit frischem Thymian, Salz und Pfeffer würzen.

Nach 15 Minuten nachsehen: Wenn die Tarteböden in der Mitte aufgegangen sind, drücken Sie sie etwas herunter, damit die Füllung Platz hat. Die Eier-Käse-Mischung auf den Boden gießen, die Pilzmischung darauf verteilen und die Tartes weitere 8–10 Minuten backen.

TIPP // *Die Tarte schmeckt auch am nächsten Tag kalt zum Mittagessen richtig gut.*

WEICHE MAISTACOS MIT KORIANDERSALSA

4 Personen

Ich habe eine Schwäche für die mexikanische Küche. Ich liebe die Farben und Aromen, und es macht Spaß, seine eigenen Tacos zu machen. Darüber hinaus kann man die Füllung nach Saison und Geschmack variieren. Haben Sie einen Rest Salat oder Chili sin Carne, siehe S. 136? Dann haben Sie schon eine perfekte Füllung!

Tortillas, 16–20 Stück:
250 g Maismehl (Masa Harina)
350 ml kochendes Wasser

Füllung:
1 Zucchini
¼ Blumenkohl
1 Paprikaschote
2 TL zerstoßener Kreuzkümmel
1 TL zerstoßener Zimt
1–2 TL geräuchertes Paprika- oder Chipotle-Chili-Pulver
Salz
3 EL Olivenöl

Koriandersalsa:
1 Bund Koriander
4 Frühlingszwiebeln
Saft von 1 Limette
Salz

evtl. etwas Chilisauce

Das Maismehl mit kochendem Wasser verrühren und möglichst schnell zu einer Kugel zusammenkneten. Der Teig sollte etwas feucht sein. Beiseite stellen und ca. 30 Minuten ruhen lassen.

Den Teig zu kleinen Kugeln formen, ca. 16 Stück, je nachdem, wie groß Sie Ihre Tacos haben wollen. Falls Sie eine Tortilla-Presse verwenden, innen auf die Ober- und Unterseite der Presse ein Stück Plastikfolie legen, eine Kugel hineinlegen und zudrücken. Falls Sie keine Tortilla-Presse haben, den Teig mit einer Teigrolle auf einer bemehlten Arbeitsfläche sehr dünn ausrollen. Jeden Taco in einer sehr heißen Pfanne braten, bis er etwas Farbe annimmt.

Die Zucchini, den Blumenkohl und die Paprika klein würfeln und zusammen mit den Gewürzen in einer Pfanne in Öl 20–30 Minuten weich braten.

Den Koriander und die Frühlingszwiebeln fein hacken, mit dem Limettensaft vermischen und die Salsa mit Salz abschmecken.

Die Füllung auf die Tacos geben und etwas Salsa sowie evtl. ein bisschen Chilisauce darüberlöffeln.

BLUMENKOHLFRIKADELLEN

8 Stück

Diese Frikadellen kann man mit einem gehaltvollen Salat und evtl. einem Stück grobem Brot
zu Abend essen, in der Lunchbox mitnehmen oder in einem vegetarischen Burger essen.

Zutaten:
50 g weiße Quinoa
½ Blumenkohl, ca. 300 g
1 Knoblauchzehe
2 Frühlingszwiebeln
3 EL geriebener Parmesan
3 Eier
ca. 80 g Maismehl – man
  kann auch andere Mehl-
  sorten verwenden
Salz und Pfeffer
neutrales Speiseöl zum
  Braten

Die Quinoa nach Packungsanweisung abspülen und kochen.

Den Blumenkohl grob reiben und mit dem geschälten und fein gehackten Knoblauch, den klein geschnittenen Frühlingszwiebeln, dem Parmesan, den Eiern, dem Mehl sowie Salz und Pfeffer vermischen.

Die gekochte Quinoa in die Blumenkohlmasse einrühren und ca. 8 Frikadellen daraus formen. In einer heißen Pfanne in Öl auf jeder Seite 3–4 Minuten braten.

Die Frikadellen mit einem Stück grobem Brot und einem nahrhaften Salat, z.B. gebackenem Hokkaido mit Feta und Zitrone, siehe S. 97, servieren.

TIPP // *Soll es etwas schärfer sein? Geben Sie den*
Frikadellen noch mehr Pfiff, indem Sie Chili, geriebene
Zitronenschale, Feta oder Kräuter zufügen.

CHILI SIN CARNE

4 Personen

Die meisten kennen Chili con Carne – diese Version ist ohne Fleisch. Geben Sie evtl. ein paar geröstete Pilze dazu. Reste dieses Chilis können Sie in halbierte Paprikaschoten füllen, mit geriebenem Cheddar bestreuen und im Ofen gratinieren.

Zutaten:
2 rote Zwiebeln
4 Knoblauchzehen
1 rote Paprikaschote
1 Zucchini
2 EL Olivenöl
2 TL zerstoßener Kreuz-
* kümmel*
1 TL Oregano
1–2 TL Chipotle-Chili
1 TL zerstoßener Zimt
15 g Schokolade mit 100 %
* Kakaogehalt oder 1 EL*
* dunkles Kakaopulver*
1 Dose stückige Tomaten
2 EL eingelegte Jalapeños
100 ml dunkles Bier
400 g gekochte Kidney-Boh-
* nen oder andere Bohnen*
Salz und Pfeffer

Topping:
frischer roter Chili
1 Avocado, gewürfelt
8 EL Crème fraîche
1 Bund Koriander

Die Zwiebeln und den Knoblauch schälen und fein hacken. Die Paprika und die Zucchini putzen, in kleine Würfel schneiden und alles in einem Topf in Öl anbraten. Den Kreuzkümmel, den Oregano, den Chipotle-Chili und den Zimt hinzufügen und weitere 2 Minuten braten. Die Schokolade, die Tomaten, die Jalapeños und das Bier zufügen und alles bei mittlerer Hitze ca. 1 ½ Stunden köcheln lassen. Die Bohnen dazugeben und das Gericht weitere 30 Minuten köcheln lassen. Mit Salz und Pfeffer und evtl. mehr Chili abschmecken.

Den Eintopf in Schüsseln anrichten und mit Chili, Avocadowürfeln, Crème fraîche und reichlich Koriander bestreuen.

TIPP // Chili sin Carne schmeckt auch sehr lecker in selbstgemachten Tacos, siehe S. 132. Dieses Gericht entwickelt mehr Geschmack, je länger es köcheln darf – wenn Sie also viel Zeit haben, lassen Sie es ruhig ein paar Stunden auf dem Herd und schmecken Sie es zwischendurch ab.

GRÜNE TARTE MIT ZIEGENKÄSE

4 Personen

Französische Tartes können in Aussehen und Geschmack sehr variieren. Hier ist eine Version mit Gemüse und Ziegenkäse.

Boden:
200 g weiche Butter
250–300 g Weizenmehl
200 g Vollkornmehl
100 ml Wasser
1 TL Salz

Belag:
2 Paprikaschoten
1 Zucchini
200 g Tomaten
2 rote Zwiebeln
2 Stängel Rosmarin
2 Stängel Thymian
2 EL Öl
Salz und Pfeffer
ca. 20 entsteinte schwarze Oliven, gehackt
150 g weicher Ziegenkäse

Alle Zutaten für den Boden in eine Küchenmaschine geben oder den Teig von Hand kneten. Dabei den Teig nicht zu sehr bearbeiten. Er sollte nur geschmeidig und zusammenhängend sein; wenn er das ist, für ca. 1 Stunde in den Kühlschrank stellen.

Die Paprika, die Zucchini und die Tomaten putzen und klein würfeln. Die geschälten Zwiebeln, den Rosmarin und den Thymian fein hacken. Alles in einer heißen Pfanne in Öl braten, bis es weich ist, ca. 10 Minuten. Den Belag mit Salz und Pfeffer abschmecken.

Den Teig in zwei Kreise mit ca. 25 cm Durchmesser ausrollen. Den Belag auf den Kreisen verteilen und mit Oliven und Ziegenkäse bestreuen. Die Ränder nach innen falten, sodass der Belag etwas bedeckt wird. Die Tartes bei 200 °C Heißluft ca. 30 Minuten backen.

Mit einem leckeren Salat servieren, z.B. Blumenkohl-Couscous mit eingemachten roten Zwiebeln, siehe S. 53.

KOHLROULADEN MIT NUSS-PILZ-FÜLLUNG

12 Stück, 4 Personen

Diese kleinen Päckchen sind mit Leckereien gefüllt und haben einen wirklich tollen Geschmack. Die Mischung aus Nüssen und Pilzen hat fast eine fleischartige Konsistenz. Die Rouladen machen sich auch gut in der Lunchbox. Wollen Sie gehaltvollere und sättigendere Rouladen, geben Sie etwas gekochte Quinoa oder Perldinkel mit in die Füllung.

Zutaten:
12 große Wirsingblätter

Füllung:
300 g Pilze nach Wahl
2 Zwiebeln
2 Knoblauchzehen
2 EL Butter oder Olivenöl
4 Stängel frischer Thymian
Salz und Pfeffer
100 g Feta
85 g Haselnüsse

Sonstiges:
150 ml Weißwein
25 g Butter

Die Kohlblätter in einen großen Topf mit kochendem, leicht gesalzenem Wasser geben und 1–2 Minuten kochen, sodass sie etwas weich werden.

Die Pilze, die geschälten Zwiebeln und den geschälten Knoblauch sehr fein hacken und in einer Pfanne in Öl oder Butter braten, bis sie ganz weich sind. Den Thymian zufügen und mit Salz und Pfeffer abschmecken. Den Feta ganz fein zerbröckeln und die Nüsse fein hacken. Mit der Pilzmischung vermengen.

Die Füllung auf den Kohlblättern verteilen und zu kleinen Päckchen zusammenrollen. Evtl. mit Küchengarn zusammenbinden, damit sie dicht halten.
Die Päckchen in eine ofenfeste Form stellen und Weißwein und Butterwürfel auf den Boden geben. Bei 200 °C ca. 15 Minuten backen.

Die Kohlrouladen mit einem nahrhaften Salat servieren, z.B. grobem Salat mit Dinkel und Fetadressing, siehe S. 54.

GEBACKENE SÜSSKARTOFFELN
MIT GEMÜSEFÜLLUNG

4 Personen

Süßkartoffeln haben einen herrlich milden Geschmack, eine schöne orange Farbe und sind inzwischen in den meisten größeren Supermärkten erhältlich. Servieren Sie diese gebackenen Süßkartoffeln als Beilage zu einem Stück Fleisch oder geben Sie Kichererbsen, gekochte Quinoa oder Linsen in die Füllung, wenn Sie eine komplett vegetarische Mahlzeit wollen.

Zutaten:
4 große Süßkartoffeln

Füllung:
75 g Feta
20 sonnengetrocknete
  Tomaten
20 entsteinte Oliven
4 Frühlingszwiebeln
Zitronensaft
Salz und Pfeffer

Topping:
4 EL Crème fraîche
1 Avocado, gewürfelt
1 Bund Brunnenkresse

Die Kartoffeln in eine ofenfeste Form legen und ein paarmal mit einer Gabel einstechen. Bei 200 °C Heißluft ca. 1 ½ Stunden backen, je nach Größe.

Den Feta, die sonnengetrockneten Tomaten, die Oliven und die Frühlingszwiebeln fein hacken, alles vermischen und mit Zitronensaft, Salz und Pfeffer abschmecken.

Die Kartoffeln herausnehmen, wenn sie weich sind, und etwas abkühlen lassen. Die Kartoffeln einschneiden, sodass sie sich öffnen und Platz für die Füllung entsteht. Die Füllung in den Kartoffeln verteilen, einen Löffel Crème fraîche darübergeben und mit Avocadowürfeln und frischer Brunnenkresse bestreuen.

TIPP // Wenn Sie keine Süßkartoffeln bekommen, können Sie dieses Rezept auch mit klassischen Backkartoffeln machen.

GRÜNE HOT DOGS

4 Personen

Ein guter Hot Dog ist etwas richtig Leckeres! Ich verwende immer dafür immer diese Gemüse-Fladenbrote. Auf diese Art bekomme ich eine Menge Gemüse mit ins Essen. Wenn es ganz vegetarisch sein soll, mache ich eine Wurst aus Kichererbsen und Gemüse.

Gemüsefladen, 10 Stück:
500 g Blumenkohl
55 g Mandelmehl
50 g geriebener Parmesan
2 Eier
4 TL Flohsamenschalen
1 TL Meersalz

Würste, 8 Stück:
2 Knoblauchzehen
1 grüne Paprikaschote
1 EL Olivenöl
2 TL Kreuzkümmel
1 TL Chilipulver
Salz und Pfeffer
1 Dose Kichererbsen
1 Ei
*2 TL Flohsamenschalen-
   pulver*
3 EL Mandelmehl

Bärlauch-Mayo:
8 EL gute Mayonnaise
*1 Handvoll frischer Bär-
   lauch oder andere Kräuter mit etwas Knoblauch*

Den Blumenkohl für die Gemüsefladen in kleinere Stücke schneiden und fein mixen. Die übrigen Zutaten zufügen und erneut mixen. Den Teig zu 10 großen, flachen Fladenbroten formen. Am besten formt man sie mit feuchten Händen direkt auf einem mit Backpapier belegten Backblech. Die Fladenbrote bei 200 °C Heißluft ca. 15 Minuten backen. Das Brot abkühlen lassen und dann vom Backpapier ablösen.

Für die Würste den geschälten Knoblauch und die geputzte Paprika grob hacken. Das Öl in einer Pfanne erhitzen und den Knoblauch und die Paprika zusammen mit dem Kreuzkümmel und dem Chilipulver weich braten. Mit Salz und Pfeffer abschmecken. Die Mischung zusammen mit den Kichererbsen, dem Ei, dem Flohsamenschalenpulver und dem Mandelmehl in einen Mixer geben und mixen. Die Mischung für 30 Minuten in den Kühlschrank stellen. Zu 8 länglichen Würsten formen, am besten mit feuchten Händen. Die Würste in einer Pfanne in Öl 8–10 Minuten braten, bis sie goldbraun und knusprig sind. Dann bei 175 °C Heißluft ca. 15 Minuten im Ofen fertig backen.

Den Bärlauch hacken und mit der Mayonnaise verrühren. Den Hot Dog aus Brot, Wurst, ein wenig Bärlauchmayo und evtl. eingemachten roten Zwiebeln zusammenstellen, siehe Rezept auf S. 53.

BLUMENKOHLRISOTTO
MIT PALMKOHL & QUELLER

4 Personen

Für dieses Risotto wird anstelle von Reis Blumenkohl verwendet. Das ist in Geschmack und Konsistenz etwas anders, aber absolut eine Chance wert. Falls Sie keinen Queller und keinen Palmkohl bekommen, können Sie das Risotto z.B. mit Erbsen & Zitrone, gebackenem Kürbis & Rosmarin, Spargel oder Pilzen & Thymian oder anderen Leckereien machen.

Zutaten:
1 EL Olivenöl
1 rote Zwiebel
2 Knoblauchzehen
4 Selleriestangen
1 Blumenkohl
ca. 500 ml Gemüsebrühe
2 EL Mascarpone
100 g Parmesan oder
*   Pecorino*
Zitronenschale und -saft
Salz und Pfeffer

Topping:
4 Palmkohlblätter
Öl zum Braten
50 g Queller
Sauerklee

Das Öl in einer Pfanne erhitzen und die geschälten Zwiebeln, den geschälten Knoblauch und den Stangensellerie, jeweils fein gehackt, zufügen. Den Blumenkohl fein hacken, reiben oder mixen, bis er kleinen Reiskörnern ähnelt. In die Pfanne geben und gut umrühren. Die Brühe zufügen und alles 20–30 Minuten köcheln lassen, bis das Wasser verdampft ist und die Masse die Konsistenz von dickem Brei hat. Den Mascarpone und den geriebenen Parmesan einrühren. Mit Zitronensaft und -schale, Salz und Pfeffer abschmecken.

Den Palmkohl in kleine Stücke schneiden und in heißem Öl knusprig frittieren. Das dauert nur ein paar Sekunden. Auf Küchenpapier legen und mit Salz bestreuen. Das Blumenkohlrisotto in tiefe Teller verteilen und jeden Teller mit frittiertem Palmkohl, Queller und evtl. Sauerklee bestreuen.

TIPP // *Queller ist manchmal in Gemüseläden und größeren Supermärkten erhältlich, aber Sie können ihn auch selbst finden, falls Sie nahe am Meer wohnen. Er wächst wild in Wattgebieten und auf Strandwiesen und schmeckt im Juli und August am besten.*

KÜRBISGNOCCHI MIT SALBEI

4 Personen

Gnocchi sind eine Art Pasta, die normalerweise aus Kartoffeln und Mehl gemacht wird. Diese Variante aus Kürbis mit Salbei ist unglaublich lecker, aber etwas schwer, ich empfehle daher dazu einen grünen Salat und vielleicht ein Glas kühlen Weißwein.

Zutaten:
400 g Kürbispüree, siehe
   S. 82
1 Ei
200 g Vollkornreismehl
Salz und Pfeffer
2 EL Butter
½ Bund Salbei

Topping:
75 g Pecorino

Das Kürbispüree, das Ei, das Mehl sowie Salz und Pfeffer zu einem Teig verrühren. Der Teig soll so fest sein, dass man ihn zu dünnen Würsten rollen kann. Kleine Würste formen und diese in ca. 2 cm lange Stücke schneiden.

Die kleinen Stücke in kochendes Wasser geben. Wenn sie an die Oberfläche kommen, mit einem Schaumlöffel herausnehmen.

Die Butter in einer Pfanne erhitzen und die gekochten Gnocchi zusammen mit dem Salbei auf beiden Seiten goldbraun und knusprig braten.

Die gebratenen Gnocchi auf einen Teller geben und reichlich Pecorino darüberreiben.

TIPP // *Servieren Sie die Gnocchi evtl. zusammen mit dem Tomatensalat mit Feta und Schnittlauchöl, siehe S. 50.*

BUTTERNUT-KÜRBIS
MIT OLIVEN & PINIENKERNEN

4 Personen

Butternut-Kürbis hat einen milden, runden Geschmack. Er eignet sich für Suppen, als Dip oder in Würfeln geröstet für Salat. Hier habe ich ihn gefüllt und im Ofen gebacken. Perfekt als Beilage zum Abendessen, z.B. zu Rindfleisch.

Zutaten:
2 Butternut-Kürbisse
2 Knoblauchzehen, geschält und gerieben
150 g Tomaten
100 g Feta
30 g Pinienkerne
40 g entsteinte schwarze Oliven
4 Stängel Minze
4 Stängel Oregano
4 EL Olivenöl
Salz und Pfeffer

Die Kürbisse halbieren und die Kerne entfernen. Die Kürbishälften in eine ofenfeste Form legen und den Ofen auf 200 °C Heißluft vorheizen.

Die übrigen Zutaten soweit nötig hacken, vermischen und die Füllung in den Kürbissen verteilen. Die Kürbisse 40–50 Minuten backen, bis sie ganz weich sind.

TIPP // *Backen Sie die Butternut-Kürbisse, bis sie richtig weich sind, dann schmecken sie am besten. Testen Sie immer wieder, da die Backzeit je nach Größe variieren kann.*

GESUNDE SALATWRAPS

4 Personen

Salatwraps sind eine leckere Art, viel Gemüse zu essen. Sie eignen sich zum Abendessen,
Mittagessen oder als gesunder Snack. Man kann sie auch in einen Salat verwandeln
und einen Rest Hühnchen oder ein paar Nudeln dazugeben, so bekommt man
ein gesundes, sättigendes Gericht.

Zutaten:
12–14 kleine Salatblätter,
*   z.B. Romana-Salatherzen*
1 Mango
100 g Zuckererbsen
150 ml Edamame-Bohnen,
*   enthülst (einfach im*
*   Messbecher abmessen)*
½ Bund Thai-Basilikum
½ rote Chili
2 EL Schwarzkümmel

Dressing:
60 g Erdnussbutter
1 EL Tamari oder Soja-
*   sauce*
4 EL Wasser
Saft von ½ Limette
10 g Ingwer, gerieben

Die Salatblätter auf eine große Platte legen. Die Mango in kleine Würfel oder Streifen schneiden. Die Zucker-erbsen in dünne Streifen schneiden. Die Mango, die Zuckererbsen und die Edamame-Bohnen auf den Salat-blättern verteilen. Das Thai-Basilikum und den Chili fein hacken und auf die Salatblätter geben. Zum Schluss mit Schwarzkümmel bestreuen.

Die Zutaten für das Dressing mixen. Wenn Sie ein dün-neres Dressing wollen, fügen Sie mehr Wasser hinzu. Das Dressing abschmecken und auf den Salatblättern verteilen. Sofort servieren.

MEXIKANISCHE QUESADILLAS
MIT GEMÜSEFÜLLUNG

4 Personen

Sie können diese Fladen mit allem Möglichen füllen, z.B. Chili sin Carne. Wärmen Sie sie am nächsten Tag auf oder nehmen Sie sie in der Lunchbox mit.

Zutaten:
1 rote Zwiebel
2 Knoblauchzehen
2 rote Paprikaschoten
1 Zucchini
1 EL Olivenöl
2 TL zerstoßener Kreuz-
  kümmel
1 TL getrockneter Oregano
1 TL zerstoßener Chipotle-
  Chili
1 Dose Kidneybohnen
Salz und Pfeffer

Sonstiges:
8 grobe Tortillafladen
175 g geriebener Cheddar
Öl zum Braten
frischer Koriander

Avocado-Salsa:
2 reife Avocados
10–12 Cherrytomaten
1 rote Zwiebel
1 Knoblauchzehe
Saft von 1 Limette

Die Zwiebel und den Knoblauch schälen und sehr fein hacken. Die Paprikaschoten putzen und in dünne Streifen und die Zucchini in kleine Würfel schneiden. Das Öl in einer Pfanne erhitzen und das Gemüse zusammen mit dem Kreuzkümmel, dem Oregano und dem Chipotle-Cili anbraten. Die Kidneybohnen zufügen und 8–10 Minuten braten. Mit Salz und Pfeffer abschmecken.

Eine Pfanne mit etwas Öl gut erhitzen. Einen Tortillafladen hineinlegen und auf einer Hälfte etwas Füllung und geriebenen Käse verteilen. Den Fladen zusammenfalten und auf beiden Seiten goldbraun braten. Mit den übrigen Tortillafladen genauso vorgehen.

Das Avocado-Fruchtfleisch in einer Schüssel zerdrücken oder mixen. Die Tomaten in kleine Würfel schneiden und einrühren. Die Zwiebel schälen und fein hacken, den Knoblauch schälen und reiben und beides in die Salsa mischen. Mit Limettensaft, Salz und Pfeffer abschmecken.

Die Quesadillas zusammen mit Avocado-Salsa und reichlich frischem Koriander servieren.

BLUMENKOHLPIZZA MIT PESTO & RUCOLA

2 Stück, 4 Personen

Eine gesündere Pizza-Variante, bei der der Boden aus Blumenkohl gemacht wird.

Boden:
1 Blumenkohl, ca. 700 g
4 Eier
2 EL Olivenöl
4 EL geriebener Parmesan
6 EL Mandelmehl
2 TL Oregano
Salz

Tomatensauce:
1 Dose stückige Tomaten
1 TL getrockneter Oregano
1 TL getrockneter Rosmarin
2 Knoblauchzehen, geschält
Meersalz und Pfeffer

Pesto:
25 g Basilikum
20 g Parmesan
50 ml Olivenöl
20 g Pinienkerne
1 Knoblauchzehe
Salz und Pfeffer

Sonstiges:
125 g halb getrocknete
  Tomaten
175 g Cheddar, gerieben
50 g frischer Rucola

Alle Zutaten für den Boden in eine Küchenmaschine geben. Mixen, bis sie die Konsistenz eines groben Teigs haben. Den Teig auf ein mit Backpapier belegtes Backblech geben und zwei runde, dünne Pizzaböden formen, ca. 0,5 cm dick und 26–28 cm Durchmesser. Die Böden bei 250 °C Heißluft 15–18 Minuten backen.

Alle Zutaten für die Tomatensauce mixen und abschmecken.

Alle Zutaten für das Pesto in einen Mixer geben und gut mixen. Das Pesto abschmecken.

Die Böden aus dem Ofen nehmen und zuerst die Tomatensauce, dann die Tomaten und den Cheddar darauf verteilen. Die Pizzen erneut in den Ofen schieben und bei 200 °C weitere 8–10 Minuten backen, bis sie goldbraun sind und Blasen werfen. Die Pizzen aus dem Ofen holen und ca. 5 Minuten ruhen lassen. Vor dem Servieren Pesto und Rucola darübergeben.

TIPP // Sorgen Sie dafür, dass der Belag richtig würzig ist, da der Boden nicht sehr intensiv schmeckt. Ich habe einen sehr würzigen Käse genommen, aber Sie können auch andere lange gelagerte Käsesorten verwenden.

BEILAGEN

SÜSSE BANANENCHIPS MIT GROBER SALSA

4 Personen

Kochbananen oder Gemüsebananen sind große, grüne Bananen, die man in Asia-Läden oder orientalischen Gemüseläden kaufen kann. Kochbananen sind nicht süß und müssen vor dem Essen zubereitet werden. Dieses kleine Gericht eignet sich als Snack, als Vorspeise oder als Beilage zu z.B. Chili sin Carne. Die gebratenen Kochbananen schmecken wirklich gut, also machen Sie am besten eine große Portion.

Zutaten:
2 Kochbananen
Öl zum Braten,
  z.B. Kokosöl
Salz

Avocado-Salsa:
2 Avocados
2 Frühlingszwiebeln
150 g Tomaten
1 Apfel
½ Bund Koriander
Limettensaft
Salz

Die Kochbananen mit einem Messer schälen und in sehr dünne Scheiben schneiden, am besten mit einem Gemüsehobel. Öl in einem kleinen Topf oder einer Pfanne erhitzen und die Scheiben im heißen Öl braten, sodass sie ganz goldbraun und knusprig werden. Die Bananenscheiben auf Küchenpapier legen und mit Salz bestreuen.

Das Avocado-Fruchtfleisch gut zerdrücken. Die Frühlingszwiebeln, die Tomaten, den Apfel und den Koriander fein hacken und in das Avocadomus mischen. Alles gut verrühren und mit Limettensaft und Salz abschmecken. Die knusprigen Bananenchips mit Salsa servieren.

GEBACKENER BLUMENKOHL
MIT SCHARFEN GEWÜRZEN

4 Personen

---

*Blumenkohl ist ein fantastisches Gemüse, das auf unzählige Arten zubereitet werden kann.
Hier kommt er in einer gebackenen Version, die auf dem Tisch sehr dekorativ ist. Der Blumenkohl ist ein bisschen scharf und passt gut zu z.B. Lammfleisch. Wenn Sie einen Rest übrig
haben, schneiden Sie ihn am nächsten Tag in Würfel, rösten Sie ihn in der Pfanne
und servieren Sie ihn als Beilage zum Abendessen.*

Zutaten:
1 Blumenkohl

Dressing:
3–4 EL Olivenöl
*1 TL zerstoßener Kreuz-
   kümmel*
1 TL Oregano
*2 TL geräuchertes Paprika-
   pulver*
½ TL zerstoßener Zimt
1 TL zerstoßener Chili
Salz und Pfeffer
*evtl. Zitronenschale für eine
   säuerliche Note*

Den Blumenkohl putzen und in eine ofenfeste Form
stellen. Die übrigen Zutaten zu einem dicken Dressing
verrühren. Das Dressing auf dem Blumenkohl verteilen
und gut einreiben. Bei 200 °C Heißluft je nach Größe
30–40 Minuten backen.

TIPP // *Sie können das Dressing auch für anderes Gemüse
verwenden, das Sie im Ofen backen. Probieren Sie es z.B.
mit einer Mischung aus Brokkoli, Zucchini, Paprika und
Zwiebeln.*

FOCACCIA MIT ZWIEBELN & TOMATEN

1 Brot

Was kann leckerer sein als frisch gebackene Focaccia? Diese hier hat ein Gemüsetopping bekommen, das sieht hübsch aus und macht sie etwas anders als das traditionelle Brot.

Zutaten:
15 g Hefe
300 ml Wasser
1 TL Meersalz
2 EL Olivenöl
ca. 150 g Hartweizenmehl
275–300 g Weizenmehl

Topping:
100 g Cherrytomaten
3–4 Frühlingszwiebeln
4 EL Olivenöl
1 TL Meersalz
frischer Rosmarin

Die Hefe im Wasser auflösen und Salz und Öl zufügen. Das Hartweizenmehl einrühren und nach und nach das Weizenmehl zufügen. Der Teig sollte am Ende nicht zu trocken werden, also heben Sie evtl. etwas Mehl auf. Den Teig gut zusammenkneten und an einem warmen Ort ca. 1 Stunde gehen lassen.

Wenn der Teig gegangen ist, in eine mit Backpapier ausgelegte Springform oder Fettpfanne geben. Den Teig erneut ca. 40 Minuten gehen lassen. Tomaten, Frühlingszwiebeln, Öl, Salz und Rosmarin auf dem Brot verteilen. Das Brot bei 225 °C Heißluft ca. 25 Minuten backen, bis es goldbraun und knusprig ist.

TIPP // *Verwenden Sie die Focaccia für Sandwiches, zu Suppen oder als Beilage zum Abendessen.*

GEBACKENE KAROTTEN MIT ROTER DUKKAH

4 Personen

Karotten bekommen einen milden, süßen Geschmack, wenn sie gebacken werden.
Das passt gut zu einer scharfen Gewürzmischung. Experimentieren Sie ruhig mit der Mischung
und geben Sie andere Nüsse, Samen oder Gewürze dazu, die sie scharf, säuerlich
oder süßlich machen, so wie Sie es am liebsten mögen.

Zutaten:
16–20 kleine Karotten
2 EL Olivenöl
Meersalz

Rote Dukkah:
2 TL Fenchelsamen
2 TL ganzer Kreuzkümmel
75 g Mandeln
2 TL süßes Paprikapulver
2 TL geräuchertes Paprikapulver
Meersalz
evtl. etwas Zucker

Sonstiges:
1 Bund frischer Koriander

Die Karotten putzen und halbieren. Mit Öl und Salz vermengen, auf einem mit Backpapier belegten Backblech ausbreiten und bei 200 °C Heißluft ca. 30 Minuten backen. Die Karotten dürfen gern goldbraun und etwas knusprig werden.

Die Fenchelsamen und den Kreuzkümmel in einer heißen, trockenen Pfanne ein paar Minuten rösten. Herausnehmen, die Mandeln in die Pfanne geben und goldbraun rösten. Mit den übrigen Zutaten in einen Mini-Hacker geben und zu einer feinen Mischung mixen. Die Dukkah mit Salz und evtl. etwas Zucker abschmecken.

Die gebackenen Karotten auf eine Platte legen und mit Dukkah und frischem Koriander bestreuen.

TIPP // *Dieses Rezept ergibt mehr Dukkah, als Sie für eine Portion gebackene Karotten brauchen. Verwahren Sie den Rest in einem Glas – sie hält sich lange und kann für viele verschiedene Dinge verwendet werden. Siehe S. 82, S. 115 und S. 128.*

SPARGELBROKKOLI MIT GOMA-DRESSING

4 Personen

Spargelbrokkoli oder Cima di Rapa erinnert sehr an normalen Brokkoli, besteht aber aus kleinen, langen Röschen. Er ist eine Kreuzung aus Brokkoli und dem chinesischen Kohl Kai-Lan. Wenn Sie keinen Spargelbrokkoli bekommen, verwenden Sie normalen Brokkoli und schneiden Sie ihn in lange Röschen. Dieses Gericht passt gut zu beispielsweise Hühnchen.

Zutaten:
400 g Spargelbrokkoli oder Brokkoli

Goma-Dressing:
70 g Sesamsamen
4–5 EL Reisweinessig
4 EL Tamari oder Soja-sauce
3 EL dunkles Sesamöl
ca. 10 g geriebener Ingwer
1 TL Chiliflocken oder Chilisauce

Den Spargelbrokkoli ca. 2 Minuten dämpfen, sodass die Röschen ihre Spannkraft behalten.

Alle Zutaten für das Dressing in einen Mörser oder eine Küchenmaschine geben. Mixen oder zerstoßen, bis die Sesamsamen ganz zerdrückt sind und die Mischung die Konsistenz eines dicken Dressings hat. Das Dressing mit Wasser zur gewünschten Konsistenz verdünnen. Mit Chili, Essig und Tamari abschmecken.

Den gedämpften Spargelbrokkoli mit dem Dressing servieren.

TIPP // Sie können den Spargelbrokkoli auch in etwas Öl grillen, sodass er dunkel und knusprig wird. Das Dressing kann auch für Salate und als Dip für anderes Gemüse oder Fleisch verwendet werden.

GEGRILLTER SPITZKOHL MIT ZITRONE

4 Personen

Es ist ganz leicht, eine einfache und gesunde Beilage für z.B. ein gutes Steak oder ein Stück Fisch zu machen. Wenn man Spitzkohl grillt, bekommt er einen leckeren Geschmack und bleibt dabei knackig. Berechnen Sie ca. einen halben Spitzkohl pro Person.

Zutaten:
2 Spitzkohl, z.B. violetter
  Spitzkohl
Olivenöl

Dressing:
3–4 EL Olivenöl
Schale von 1 Bio-Zitrone
4 EL Parmesan, gerieben
Salz und Pfeffer

Die Kohlköpfe halbieren und die ganze Schnittfläche mit Öl einreiben. Evtl. in Viertel schneiden, wenn Sie die Hälften zu groß finden. Die Kohlköpfe in einer heißen Grillpfanne oder auf einem Grill 3–4 Minuten grillen, bis sie heiß sind und schöne Grillstreifen bekommen haben.

Die Zutaten für das Dressing verrühren und über dem heißen Kohl verteilen.

TIPP // Sie können den Spitzkohl evtl. durch geviertelte Fenchelknollen ersetzen. Fenchel bekommt einen milden, süßlichen Geschmack, wenn er gegrillt wird.

BLUMENKOHLMUS MIT PETERSILIE

4 Personen

Dieses Blumenkohlmus kann für viele Dinge verwendet werden, z.B. als Püree zu einem Eintopf oder als Schicht in Lasagne oder Moussaka. Ich serviere es auch gerne zu gebratenem Fleisch und gebe richtig viel Petersilie hinein, sodass es eine dicke, cremige Petersiliensauce wird.

Zutaten:
1 großer Blumenkohl
50 g Cheddar
50 g Butter
20 g Petersilie
Schale von 1 Bio-Zitrone
Salz und Pfeffer

Den Blumenkohl in kleine Röschen schneiden und dämpfen, bis sie ganz weich sind. Die Röschen in eine Küchenmaschine geben und mit den übrigen Zutaten mixen, bis das Mus ganz glatt und cremig ist. Mit Salz und Pfeffer abschmecken.

TIPP // *Sie können auch ein Mus aus Kartoffeln machen und Blumenkohl und etwas Knollensellerie dazugeben. Auf diese Art bekommen Sie mehr Gemüse in den klassischen Kartoffelbrei.*

SAUERKRAUT

1 Glas

Es ist einfach, gesund und preiswert, Sauerkraut selbst zu machen. Nicht jeder mag den Geschmack, aber versuchen Sie es und experimentieren Sie ein bisschen. Sie können sowohl Weißkohl als auch Spitzkohl verwenden. Rechnen Sie mit ca. 1 EL Salz pro Kilo Kohl.

Zutaten:
1 Spitzkohl
ca. 1 EL Fleur de Sel

Den Kohl in dünne Streifen schneiden, in eine große Schüssel geben und Salz zufügen. 8–10 Minuten kneten, bis er weich wird und Flüssigkeit abgibt. Den Kohl und die Flüssigkeit in ein sauberes Glas geben und am besten ganz auffüllen, sodass der Kohl mit Flüssigkeit bedeckt ist.

Den Kohl ca. 2 Tage auf dem Küchenbord stehen lassen, bis Sie finden, dass er einen passenden Duft hat. Danach in den Kühlschrank stellen und als Beilage zum Abendessen verwenden.

Sie können das Sauerkraut z.B. für das Gericht mit Linsen, Sauerkraut und Kichererbsen auf S. 94 verwenden.

TIPP // *Sie können das Sauerkraut 2–28 Tage auf dem Küchenbord stehen lassen, je nachdem, wie sauer Sie es wollen. Aber öffnen Sie jeden Tag den Deckel und kontrollieren Sie das Kraut.*

GERÖSTETE PASTINAKEN MIT TAHINI-DRESSING

4 Personen

Wenn Sie keine Pastinaken haben, eignen sich auch Petersilienwurzeln und Karotten
gut für dieses Gericht. Sie können auch unterschiedliches Wurzelgemüse mischen.
Die gerösteten Pastinaken passen besonders gut zu Lamm- oder Rindfleisch.

Zutaten:
6 Pastinaken
2 EL Butter
Salz

Dressing:
2 EL Tahini
1 EL Ahornsirup
ca. 3–4 EL Wasser
1 TL zerstoßener Kreuz-
   kümmel
Salz

Topping:
Kerne von 1 Granatapfel
4 Stängel Minze

Die Pastinaken schälen und in kleine Stäbchen schneiden. Die Butter in einer Pfanne erhitzen und die Pastinaken 12–15 Minuten braten, bis sie goldbraun sind und immer noch etwas Biss haben.

Die Zutaten für das Dressing verquirlen und abschmecken. Wenn das Dressing zu dick ist, etwas mehr Wasser zufügen.

Die gerösteten Pastinaken auf eine Platte legen und das Dressing darüber verteilen. Mit Salz abschmecken. Mit Granatapfelkernen und fein gehackter Minze bestreuen.

TIPP // *Geben Sie evtl. auch geröstete Pecan- oder Walnüsse dazu. Das ergibt einen guten Geschmack und etwas Biss.*

WELCHES GEMÜSE HAT SAISON?

Wenn Sie Gemüse der Saison essen, haben Sie richtig viel Variation – und gleichzeitig hat das Gemüse den größten Nährstoffgehalt. Sehen Sie hier, was Sie wann essen sollten.

JANUAR:
Grünkohl, Weißkohl, Kartoffeln, Karotten, Topinambur, Zwiebeln, Lauch, Petersilienwurzeln, Rote Bete, Rotkohl, Knollensellerie, Wirsing, Rosenkohl, Äpfel, Champignons.

FEBRUAR:
Grünkohl, Weißkohl, Kartoffeln, Karotten, Topinambur, Zwiebeln, Lauch, Petersilienwurzeln, Rote Bete, Rotkohl, Knollensellerie, Wirsing, Rosenkohl, Äpfel, Champignons.

MÄRZ:
Radieschen, Weißkohl, Kartoffeln, Karotten, Topinambur, Zwiebeln, Lauch, Petersilienwurzeln, Rote Bete, Rotkohl, Knollensellerie, Wirsing, Rosenkohl, Äpfel.

APRIL:
Gurken, Champignons, Karotten, Kartoffeln, Zwiebeln, Pastinaken, Meerrettich, Petersilienwurzeln, Lauch, Rhabarber, Radieschen, Spinat, Äpfel, Bärlauch.

MAI:
Bärlauch, Gurken, Spargel, Rhabarber, Petersilie, junger Salat, Stangensellerie, Blumenkohl, Cherrytomaten, neue Karotten, Kartoffeln, neue Zwiebeln, Radieschen, Salat, Spitzkohl, Spinat, Tomaten.

JUNI:
Gurken, Spargel, Cherrytomaten, Holunderblüten, neue Karotten, neue Kartoffeln, neue Zwiebeln, Rhabarber, Radieschen, Salat, Spinat, Babysalat, Tomaten, Auberginen, Stangensellerie, Blumenkohl, Champignons, Fenchel, Frühlingszwiebeln, Erdbeeren, Süßkirschen, Speiserüben, Paprika, Sommerweißkohl, Spitzkohl, Erbsen.

JULI:
Gurken, Blumenkohl, Brokkoli, Cherrytomaten, Frühlingszwiebeln, Erdbeeren, neue Kartoffeln, Speiserüben, Paprika, Radieschen, Rote Johannisbeeren, Schwarze Johannisbeeren, neue Rote Bete, Salat, Babysalat, Sommerweißkohl, Spitzkohl, Spinat, Stachelbeeren, Tomaten, Erbsen, Auberginen, Stangensellerie, essbare Blüten, Süßkirschen, Champignons, Fenchel, neue Karotten, Himbeeren, neue Zwiebeln, Melonen, Lauch.

AUGUST:
Gurken, Auberginen, Blumenkohl, essbare Blüten, Brokkoli, Bohnen, Cherrytomaten, Einlegegurken, Frühlingszwiebeln, Karotten, Himbeeren, Zwiebeln, Speiserüben, Melonen, Paprika, Radieschen, neue Rote Bete, Salat, Babysalat, Spinat, Sauerkirschen, Tomaten, Erbsen, Gartengurken, Stangensellerie, Blaubeeren, Brombeeren, Champignons, Fenchel, Erdbeeren, Kartoffeln, Mais, Pastinaken, Meerrettich, Petersilienwurzeln, Lauch, Rote Johannisbeeren, Schwarze Johannisbeeren, Sommerweißkohl, Spitzkohl, Wirsing, Zucchini, Stachelbeeren, Äpfel.

SEPTEMBER:
Gartengurken, essbare Blüten, Blaubeeren, Brombeeren, Bohnen, Kürbis, Karotten,

Topinambur, Zwiebeln, Mais, Pastinaken, Meerrettich, Petersilienwurzeln, Lauch, Birnen, neue Rote Bete, Rotkohl, Salat, Babysalat, Wirsing, Spinat, Zucchini, Äpfel, Gurken, Auberginen, Stangensellerie, Blumenkohl, Brokkoli, Champignons, Cherrytomaten, Fenchel, Himbeeren, Weißkohl, Holunderbeeren, Kartoffeln, Speiserüben, Melonen, Paprika, Radieschen, Rosenkohl, Sellerie, Schwarzwurzel, Tomaten, Wildpilze.

OKTOBER:
Kürbis, Grünkohl, Karotten, Haselnüsse, Weißkohl, Hagebutten, Holunderbeeren, Topinambur, Zwiebeln, Mais, Pastinaken, Meerrettich, Petersilienwurzeln, Lauch, Birnen, Rosenkohl, Rote Bete, Rotkohl, Wirsing, Knollensellerie, Schwarzwurzel, Wildpilze, Äpfel, Gurken, Auberginen, Stangensellerie, Blumenkohl, Brokkoli, Champignons, Cherrytomaten, Fenchel, Kartoffeln, Speiserüben, Paprika, Radieschen, Salat, Babysalat, Spinat, Zucchini, Tomaten.

NOVEMBER:
Grünkohl, Weißkohl, Topinambur, Pastinaken, Meerrettich, Petersilienwurzeln, Lauch, Rosenkohl, Rote Bete, Rotkohl, Knollensellerie, Schwarzwurzel, Äpfel, Gurken, Auberginen, Stangensellerie, Blumenkohl, Brokkoli, Champignons, Karotten, Chicorée, Kartoffeln, Zwiebeln, Paprika, Birnen, Salat, Wirsing, Tomaten, Wildpilze.

DEZEMBER:
Grünkohl, Lauch, Rosenkohl, Stangensellerie, Champignons, Karotten, Weißkohl, Topinambur, Chicorée, Kartoffeln, Zwiebeln, Pastinaken, Meerrettich, Petersilienwurzeln, Birnen, Rote Bete, Rotkohl, Salat, Wirsing, Knollensellerie, Schwarzwurzel, Äpfel.

FLEISCH, FISCH ODER GEFLÜGEL?

Dieses Buch nimmt das Gemüse als Ausgangspunkt, aber Sie können ruhig Fleisch dazu essen, wenn Sie wollen. Sehen Sie hier, zu welchen Arten von Fleisch, Fisch und Geflügel die Rezepte am besten passen.

Rotkohl mit Koriander & Sesam-
  dressing 48
Salat mit gegrilltem Halloumi &
  Nektarinen 86
Tomatensalat mit Feta & Schnitt-
  lauchöl 50
Zucchinisalat mit Pesto & Oliven 57

WEISSFISCH:
(Scholle, Kabeljau, Flunder, Heilbutt,
  Seeteufel)
Gedämpfter Spargel mit Ei 89
Pink Passion 65
Quinoasalat mit gebackenen Tomaten 36
Thaisuppe mit knackigem Gemüse 105

FETTER FISCH:
(Lachs, Makrele, Hering, Bachforelle,
  Schwarzer Heilbutt)
Blumenkohlfrikadellen 135
Dinkelotto mit Edamame-Bohnen & Brun-
  nenkresse 124
Gedämpfter Spargel mit Ei 89
Gegrillter Spitzkohl mit Zitrone 171
Grüner Kartoffelsalat & gegrillte Gurken 74
Kürbis, Blumenkohl & Fenchel 82

ENTE:
Gebackene Süßkartoffeln mit Gemüse-
  füllung 142
Gerösteter Rosenkohl 77
Grünkohlsalat mit zweierlei Äpfeln 61
Krautsalat mit Blaubeeren & Orangen 43
Kürbisscheiben mit Grünkohl & Pinien-
  kernen 90
Rotkohl mit Koriander & Sesamdressing 48

HÜHNCHEN:
Asiatischer Salat mit Bohnen & Erdnuss-
  dressing 70
Blumenkohlfrikadellen 135
Bohnensalat mit gerösteten Gewürzen 78
Caesar Salad mit Kohl 58
Gerösteter Rosenkohl 77
Kohlrouladen mit Nuss-Pilz-Füllung 141
Linsen, Sauerkraut & Kichererbsen 94
Miso-Suppe mit Pilzen & Buchweizen-
  nudeln 111
Pink Passion 65
Salat mit gegrilltem Halloumi &
  Nektarinen 86
Sommersalat mit Melone & Halloumi 44
Spargelbrokkoli mit Goma-Dressing 168
Thaisalat 35
Zucchini-Nudeln mit Tomaten-Tapenade 47
Zucchinisalat mit Pesto & Oliven 57

REGISTER

DANKSAGUNG

Ich bin in einer Familie aufgewachsen, die viel Wert auf gutes, gesundes und selbst gemachtes Essen legt – und ich schulde meiner Mutter ein riesiges Dankeschön dafür, dass sie mir das Interesse am Kochen vermittelt hat und mir immer noch eine tägliche Inspirationsquelle ist.

Als ich 2010 meinen Blog „The Food Club" angefangen habe, hätte ich nie gedacht, dass das Folgen haben würde – erst recht nicht ein Kochbuch. Dies ist mein fünftes, und ich schulde all meinen Lesern ein großes Dankeschön dafür, dass sie immer noch mitlesen – ohne Euch gäbe es keine Bücher.

1000 Dank an meinen dänischen Verlag Gyldendal und besonders meine Redakteurin Pernille Ancher, dass sie dieses Buch zum Leben erweckt und während des Entwicklungsprozesses meinen Ideen so viel Platz gegeben haben.

Mein lieber Mann, Søren, spielt eine große Rolle in meiner Arbeit und nicht zuletzt in diesem Buch, bei dem er als achtarmiger Krake, Geschmacksjury, Geschirrspüler, Fotoassistent, Diskussionspartner und vieles mehr fungiert hat. DANKE für deine fantastische Hilfe!